宜蘭頭城二二八

遺孀郭林汾的三國人生

郭勝華 編著

章垣：

你已去四三二年了，我也漸近古稀之年，我想要將咱結婚到如今的事向你講出來。因你去世沒人再提出你的名字，也沒有人知道我嫁給你郭家的遭遇，只好向你講出來了。我並其他的可講也不想向誰講，只有你也才知道咱結婚以來的這些事實。一九四〇年九月

咱是由陳振東先生做媒而結婚的。想起當時的我其實在太幼稚了，雖然咱互相見過二次面也只知道你在讀日本有名的慶應大學医科以外什麼都不知道，那裏知道你父親有三個太太生了一大堆的子女，你是長男，又是頁債男多的家庭，還有一個已給郭家去

當在船內的另流淚，那是一萬円的陪嫁你也不敢向我當時我兄長州我對他說那是因我父親去世你是一個医生也沒有繼承權目明式跟腳給我的五件下另外拿了天的六〇円可以

嫦娟

頭城遠眺龜山島全貌。
CC BY-SA 3.0, photo by 阿爾特斯 @Wikimedia Commons

宜蘭醫師　郭章垣

真與假
一線之隔
生與死
一念之間
暗夜茫茫沒有答案
魂滯廟前不讓辭別
應是龜山主神不忍首肯

醫院長廊不時傳來沉重的腳步
冬雨眷念綿密敲打窗沿
城鎮任命勞碌
山路彎曲固執
洋流暗潮洶湧
鯨魚在外海沉潛
海豚來來回回尋覓
被遺棄的聲響

陌生的國度冉冉浮現
一生一世可以承擔多少寄託
歡樂隨著旗幟飄動轉向
痛苦摺疊在稻草堆裏燃燒
擁抱　像銅雕一樣
緊緊扣住
黎明的溫暖

　　　　　　——黃吉川（成功大學工科系講座教授）

目次
Contents

5　　　　　序

9　　　　　第一章　青春

19　　　　　第二章　婚姻

49　　　　　第三章　我的三國誌（上）

67　　　　　第四章　我的三國誌（中）

85　　　　　第五章　我的三國誌（下）

105　　　　　第六章　生、老、病、死

131　　　　　終　章　父親的死亡證書

157　　　　　附錄一　戰前生活影像

165　　　　　附錄二　1992 年二二八遺族美國歸鄉團實錄

171　　　　　附錄三　1995 年美國二二八受難者家屬拜會實錄

序

　　這是一本前所未有的二二八被害家庭的真實故事。

　　這是一本二二八犧牲者的遺孀與遺腹孤女，用她們的筆一字一句寫下來的回憶錄。

　　這位二二八犧牲者是我的父親——郭章垣院長，他在第二次世界大戰日本投降後的翌年，在東京自慶應大學醫學部畢業並完成外科醫師訓練後回到台灣，經前衛生署署長王金茂（時任陳儀之下衛生局課長）介紹，出任省立宜蘭醫院院長。（省立宜蘭醫院原直屬日本時代台灣總督府，戰後改制為省立醫院，現又改制為「國」立陽明大學附設醫院）

　　郭章垣院長與其他六名公務人員於 1947 年 3 月，時值台北及全台各地發生二二八民變之際，為處理由廈門傳入的霍亂，曾馬不停蹄，活人上百，卻因行政因素與官派時年僅 26 歲的朱正宗市長有隙，被地方駐軍會同外省警務人員，於無審、無判之下，綁架、謀殺，挖二坑埋屍於宜蘭頭城媽祖廟廟埕上。

　　我於 1973 年自高雄醫學院醫科畢業，因結婚而在同年年底來到美國。1974 年欲接先母來美，但卻因拿不出美國移民局所要求的先父郭章垣院長之死亡證書而整整折騰了幾近 2 年。後來我曾寫信向蔣經國要，他有回應，但是他不久即去世。後來

我也曾在美國把洋狀告到雷根總統那裡，然而，我至今仍尚未拿到理應記載父親死因（槍殺）的死亡證書；尚且，我更要追究的是，謀殺宜蘭大病院郭章垣院長的子彈從哪裡來？

我父親被謀殺的事，被柯喬治紀錄在其著作《被出賣的台灣》（*Formosa Betrayed*）原文第 306 頁。美國的法律是，謀殺案沒有追訴期限，況且這是一件違反國際戰爭法的謀殺案。但我的父親於二二八受難，無法為自己的遭遇留下紀錄，這段歷史只能透過我母親詳盡的回憶，留下他們對時代的見證。

我的母親郭林汾，生於日治時代台南州虎尾郡土庫庄的好人家，未滿 6 歲即進入公學校接受教育，而後考進台北第三高女，與父親因媒妁之言而結合。儘管婚前兩人對彼此一無所知，但他們還是在動盪不安的戰爭年代，走過一段艱難但幸福的日子。然而，戰後因父親於二二八遭謀殺，母親只能一肩扛起面對父親家族的壓力，一路養育我長大成人、就讀醫學院，並陪伴我到美國照顧孫兒，所幸她能於美國度過平靜而祥和的第三段人生，安享晚年。

母親在我出世之前，地方上的小學校長希望她出來當小學老師。她的回答是：「這個政府殺死了我的丈夫、孩子的父親。我沒有辦法從ㄅ、ㄆ、ㄇ、ㄈ重新學起，我沒有辦法去教小孩子怎麼去愛這個政府，怎樣去愛這個國家。」

「母親的三國誌」是我出的題目，是我買稿紙給她寫的回憶錄。母親受過日本教育，思緒縝密，不但寫作相當有條理，她在行文中並嘗試使用從小到大日常生活中最熟悉的台語文來

No. 1.

我兮三國誌（回憶錄）　民口八年　郭林汾

我生於公元一九一九年日本的大正八年當時台南州虎尾郡

土庫庄我未滿六歲入學公學校一年級河始受日本教育

一年級的老師是我大姆夫吳壽他畢業於台中一中二年級

老師是林純也是台北第三高女畢業（他是台北師範畢業）六年級老師是王未成

考師是三位老師在功力人六年級時王老師勵沅再升學他無彼

給院補但我因年令不足未能參加考試到隔年才入台北第

三高女學時師範畢業的訓導老師在做儀式都要穿文官服帽過

學力考慮訓導營嘌的訓導老師是台中一中畢業也以同

環金巡兩屆有像飯匙那樣肩章有文宣的佩祖後殿有孔子廟席

孔子聖誕日有陰生的儀式全隻脈羊畢連礼後瑤生都有米香令給

掛吹樂卿頭行拜有全隻脈羊牛羊連礼服民彩到

全体學生拿回家日本人也都很尊重孔子當時到六年級有漢

(12×25)

我的母親郭林汾女士以稿紙寫成的「我兮三國誌」回憶錄手稿。

寫作，讀來溫馨親切、眞摯動人。我以「父親的死亡證書與母親的三國誌」為主題，在臉書陸續發表母親與我的文章，引來許多網友的鼓勵與出書的期許。

　　也許，我永遠得不到「公義」。但是，這本書的出版，爲的是保留「歷史的眞」，公道自在人心。而且，「人在做，天在看」，不是嗎？

郭勝華

2019.01.03

青春

*郭林汾主述，文中楷體字為郭勝華註解與補充說明

兒時記憶：土庫的家族身影

我生於公元 1919 年，日本的大正 8 年，當時的台南州虎尾郡土庫庄。我未滿 6 歲入學公學校一年級，開始受日本教育。

一年級的老師是我大姊夫吳壽，他畢業於台中一中。二年級的老師是林純，她是台北第三高女畢業。六年級的老師是王來成。這三位老師都是在地人。六年級時，王老師鼓勵阮再升學。他無償給阮補習，但我因年齡不足，未能參加（入學）考試，到隔年才考入台北第三高女。

當時，師範畢業的都是「訓導」。我姊夫是台中一中畢業，也以同等學力，考為「訓導」。當時的「訓導」老師在做儀式時，都要穿文官服，帽邊金巡，兩肩有像飯匙那樣的肩章，還有文官的佩劍，很威風。

孔子聖誕日，在媽祖廟後殿的孔子廟殿有隆重的儀式，地方仕紳穿中國式大禮服，長衫馬褂，吹樂磕頭跪拜。有全隻豬羊等牲禮，禮後都有「米香」分給全體學生拿回家。日本人也都很尊重孔子。當時，到六年級有漢文課。我在三高女二年級

時，有師範學校的漢文老師劉克強來教漢文，這是學生自由選課。

　　當時公學校，我班上約有40餘人，其中女生有10人，我一直都記得她們的名字。

　　眞遺憾的是我還未入學，我父親就過世。有關父親的事蹟都是我母親講給我聽的。我父親名叫林碣，大家都稱他區長伯或阿碣伯。土庫庄清朝時代就有土庫支廳，有土庫區、大屯區、大林區等。當時，土庫區管下有53庄的小庄。

郭林汾之父，郭勝華的外祖父林碣。

郭林汾之母，郭勝華的外祖母。

　　我父親在清朝時就有私人的糖廍，用牛拉石盾來榨甘蔗汁製糖，當時只能造出黑糖，也有製造鴉片，但日本來了以後，

這些物件就不能製了。

　　當時公學校以南有個小山丘，它叫建功山，是埋當時抵抗日本所戰死的人骨，還有銃等。建功山以北就是陰陽公廟，就是公共墓地。我記得每年農曆 5 月 29 日就是義民爺生，家家戶戶都有祭拜。

　　地方都平靜了後，日本就開始建設學校來教育台灣人。那個學校用地就是我父親捐出來的，它有運動場及三棟（一棟二間）教室，一年級至六年級，以及老師辦公室，還有校長宿舍和訓導主任宿舍，另邊是教職員宿舍，全校學生都能用的便所。三棟教室後面有實習農地給六年級男生去栽植。

　　這些校地以外，還有市場用地也是我父親捐出來的。當時，在市場內面設有廣大的公共便所，人糞是主要肥料。

　　我父親由清朝時代就開墾很多土地，這些土地都分配給房親去種作。

　　在那糖廍的大庭旁有工寮，大庭也是稻米的晒穀場，收成時稻米堆積如山。另外，有專門種植花草的園地及凸柑園。那時所植的花都是台灣特有的，有玉蘭花、夜合花、含笑花、桂花、桃花、黃蘗花、金針花、大紅燈籃花等等。凸柑收成時，用大米籃一籃一籃帶回家裡，放在一個房內。

　　這是我童年時與母親來這裡很懷念的所在。阮平常是住在街內的，我母親時常到廍裡替柴房的女傭張羅柴草，讓工人用牛車帶回街內廚房用，母親也有掌理柴米油鹽等等供應儲存處的鑰匙。她很善待長工，無論男女，除了飯食，也常會體貼的

在田埂放置香菸火柴供工人犁田休息時享用。母親更喜自己養雞鴨鵝，飼豬養狗等，從不閒著。

當時也已經有開設（建造）嘉南大圳灌溉水田。我父親建一個日式竹屋給管理（嘉南）大圳的高橋夫婦居住。他們在那裡也飼雞、種菜。當我母親去那裡的時（候），他們好禮泡茶來請我母親。我少小年紀，都感覺他們真有禮數和知恩。

我父親也是嘉南大圳的水利委員之一。這個嘉南大圳是由一個日本人所建，一位東京大學畢業就被派來台灣的工程師，叫八田與一。（嘉南大圳的建設）使嘉南一帶的水利非常發達，一年有二期的稻米的收成，（有的）更有三年輪種（其他植物，如花生、番薯）的。當時的稻米生產也有運到日本去。

咱們現在吃的蓬萊米是一個叫磯永吉的農業博士研究（改良）出來的。古早台灣只有長長的在來米。

日本人還在台灣各處建製糖會社，各地方有原料委員來鼓勵農民種甘蔗，也建有運搬甘蔗到會社的鐵路。嘉義、大林、虎尾、斗南都有小火車，有的也有糖廠。學生可以乘這些小火車通學。

當時日本對台灣的衛生也非常重視。以前有鼠疫，被他們消滅。在我記憶中，當時的婦女都三三五五的相招到派出所抽耳根的血，檢查有沒有帶瘧疾菌。終於，瘧疾在台灣也絕跡。那時，從嬰兒起要定期種牛痘（即天花），一發現有牛痘的病患，就將病人隔離，他們的住宅都用草繩圍起來。還有霍亂患者都強迫隔離起來接受治療。終於，這些病都絕跡了。這時的

台灣民政長官是後藤新平，他是醫生。

我母親有時陣會拿一個箱仔出來，內面是放置我父親穿過的衣服，有長衫馬褂、日本皇帝所賜的藍綬褒章（放在一個真美的盒仔），被招待去日本接受褒章時穿的西洋式大禮服、佩帶、照片。

當時，糖廍四周都是竹圍。學校或是警察派出所欠用竹，他們（日本人）來叫父親一聲老爹，說要搭雞舍或圍籬笆，他就說，要多少自己去砍。

我祖父在唐山大陸所生的兒子，我叫他英祺叔。他帶兩個兒子和他們的妻兒及他們全家族都來要依靠我父親。現在虎尾管內有一個所在叫「墾地仔」，在那裡，我父親建房子給他們住，給他們土地，給他們生活到現在。「墾地仔」就是我父親和朋友所開墾的所在，都給他們。

我父親身後所留下的土地大概有五百多甲，分給自己四房兒子，各得一百多甲。住家，在街一邊有三個店面，對面有四個店面，都是二層樓。樓下有租給人開商店，樓上都留下來做客人來時用的。有一棟是日式的，有 12 疊榻榻米和 8 疊榻榻米的房間，是當時高官來訪時，用來招待他們。這些樓房是大正 7 年我未出生以前就建立的，柱子用的是福州杉，很堅固，到現在都好好的。

我父親有造流年，預言將壽終於某某年正月 16、7。那年正月 16、7，我父親不適，我母親把洗衣服的腳桶（台語）搬到父親的房子窗旁在洗他的衣服，只聽他打一個呃，趕緊去看

他，他無大病就離開世間了。派出所的警察聽到消息，用走（跑）的緊來看，幫忙預備後事。台南州知事做主祭官，以「校葬」（こうそう）埋在自己園地（老鼠墩仔）。那時，由學校到街頭兩邊的住戶都排香案桌、排牲禮做路祭。我記得，抬棺的人以及吹古吹（嗩吶）的所有人都穿白衣服、戴白帽。有人把我一路抱到墓地。建立的石碑碑文是一個嘉義的徐秀才所寫。

青蔥歲月：台北第三高女時代

阮在四年級時，有禮儀的課，學習日本式，當客人來時怎樣招待請茶或點心。又帶阮到當時專門吃西餐的鐵道飯店，學習西餐的禮貌等等。

當阮四年級時，阮與要畢業的班級總共約有80人，做伙去日本修學旅行。坐高砂丸郵輪到福岡博多、廣島，後在神戶上陸，再坐火車到京都、大阪、奈良、東京、日光等地方。二週的時

郭林汾在台北第三高等女子學校第一年的照片。

間，我們看過日本櫻花、富士山、奈良公園的鹿、京都的故皇宮、寺廟、寶塚的少女歌舞團、東京歌舞伎（古裝劇四十七義士的故事）。最後到日光，有德川家康的廟，豪華天井畫有龍，在其下面拍手，牠就會鳴聲。

　　阮二週的旅行有很豐富的收穫。阮在一年級時預定要去日本旅行的，就每學期積存，到四年級時共有 150 円，就可參加，有（包括）船費、車賃、旅館、部分食住都在內。那時的日円比當時的美元還大，實在是太平時代。TAXI 一律 50 錢，在東京市內可以載你要去的所在。

　　除了畢業旅行以外，在四年級暑假，我也參加登新高山，

在日本修學旅行船上留影，郭林汾為前排左二蹲者。

第三高女日本修學旅行團於奈良體驗餵鹿，郭林汾穿大衣，站在四位穿制服的同學中間，最左側男性是老師。

於東京文化服裝學院郊遊。

日本報紙報導來自高砂（台灣）的台北第三高女日本修學旅行團。

即現在的玉山。新高山是高於日本最高山富士山，三千多公尺高，這是日本明治天皇所命名的。阮的畢業旅行及登新高山都有二位老師以及專職攝影師參加，每人都有一本相簿。可惜，我的相簿因（結婚後）帶去日本，戰爭中遇到空襲，當時收入防空壕浸水，大部分都壞去，只剩下一部分，真可惜。

轟炸機下：
第三高女時代末、蘆溝橋事件與第二次世界大戰

　　日本佔台時，起初有給人自由選擇，如果要回中國大陸

的，給他回去，要留在台灣的，就要做日本人，就要入日本籍，有戶口登記。我記得我姊夫做教員都要參加 10 年一次的國勢調查，每年也有按戶調查學齡兒童來入學，接受日本教育。

我在第三高女一年級時，日本策成，成立滿州帝國。那時有一個新竹人謝介石做日本駐滿州的大使，來阮學校，阮兩手各舉日本和滿州兩國國旗跳舞歡迎。

在那時，日本對中國就持有野心。我在昭和 11 年，即 1936 年畢業後，在昭和 12 年（1937 年）7 月就發生七・七事變，日本稱為蘆溝橋事件。從此，日本佔領華北中國精華所在。我在昭和 15 年（1940 年）9 月與嘉義縣溪口鄉郭章垣先生結婚，當時他是日本慶應大學醫學部五年級的學生。我們結婚 12 日後，就一起到日本完成他的學業。

翌年，昭和 16 年（1941 年）12 月，日本就盜襲珍珠港，米國對日宣戰，第二次世界大戰開始。起頭，日本佔領新加坡、南洋、菲律賓一帶，也擊沉美國軍艦。後來，日本資源不足，美國佔優勢空軍的襲擊真強，日本漸敗……

郭勝華：

母親對她與父親結婚，新婚燕爾，雙雙赴日，父親繼續學業，直到 1942 年完成醫科學業，接著完成外科駐院醫師訓練的這 5 年著墨不多。但是，從他們保留下來的照片看來，他們有過不受遠離本土的戰爭影響，短暫的幾年甜蜜幸福生活……

婚姻

*郭林汾主述，文中楷體字為郭勝華註解與補充說明

阿母的情批

母親遺下的手稿，不只是「一位二二八遺孀的三國誌」，這裡也有她發自內心深處對命運無奈的傾訴。「婚姻」是我給她的另一題目，我十分驚訝她密密麻麻、多達17張信紙（後文照片是每兩張信紙上下排成一張）的心內話，對象是她70歲左右時，她早走近半世紀的亡夫。

這裡，她展現驚人的記憶力。從媒妁之言到戰爭中她與父親在東京生活的故事，一直到戰後回到台灣，父親遇難以後種種，鉅細靡遺地用紙筆紀錄在紙上。這要由我寫一本書，也將令我無限傷感。

她是這樣開頭的：

章垣：你已去42年了，我想要將咱結婚到如今的事向你講出來了。因你去以後沒人再提出你的名字，也沒有人知道我嫁給郭家的遭遇。我並沒有其他的人可講，也不想向誰講，只有你也才會知道咱結婚以來的這些事實。

章垣：

婚姻

你已是古稀之年了，我也將邁古稀之年了，我想要將咱結婚到如今的事向你講出來。

因為我沒讓人再提出你的名字，也沒向你講出來了。

我嫁給你郭家的運氣，我其實的可能也不想向誰講，只好向你講出來，含知道咱結婚以來的這些事實，只有你和我知道，想起當時的我其實在太幼稚了，雖然咱互相見過二次面，也只知你在讀日本有名的慶應大學醫科，以外什麼都不知道，那裏知道你父親有三個太太生了一大堆的子女，你是長男，又是第二個大孩子的楊氏美嬌，當時她已懷了第二個兒子，結婚十二日你就帶我回日本去繼續你的學業，那時你是本科五年級，當時伯對我說拿錢去買船票，我們要先到神戶包船到東京的車費，從基隆到歐州航路的香取丸的二等船房，從基隆走。

那時在伯的我們獨佔一伯房間，可以洗澡，吃飯要到飯廳去，不像三等的在睡覺的所在吃，對三七元的船票來講可則是一件此美元六元，當時錢是很值錢的，在戰前的日円可則。

2.

伯對我很恩愛，我們來日本也沒有什麼金飾，只有五兩的金飾和交出去了，當時的市價是一兩日本元三七〇的真珠項鍊二條，而你發的二只手指做訂婚也是結婚用指不是金的，也沒有聘金，只收嘉義台灣餅店做的八十盒雞卵熏和一個銀盾如已，簡單得很。但是迎娶的車却有搭貳台的小嬌車在當時是稀有的，結婚的宴客……

（下略）

當在船內的第一夜你對我的結婚，第三日你流淚了，那是因父母對說，我要有一萬円的陪嫁錢的，你东亮沒有見到錢？

你也不敢問我，我說我對這事全然不知，當時我兄長對我說要給我五件円好嗎？我對他說那是他的意思，我說沒有什麼要求，因我父親去世時我才六歲，當時日人時代女兒也沒有繼承權，我手所以什麼我想將未就是但我也不會沒有錢吃吧，我又不是要。

伯是但我五伯円放在工庫農会組合，目瞑瞇脚總忘了給我……

那時供出價是一百一四年我當時約有五六百円可以買，甲園地最好的水田也二十把枕那時中日事變已發生日本人要百姓都供出金，就可買到，在戰前一兩金子十五拾円的大西円可以買，另外拿了六百円給我帶身上给我……

郭林汾寫給亡夫郭章垣的心內話。

1940年，9月5日，咱是由土庫陳振東先生（牙醫）做媒而結婚的。想起當時的我，實在太幼稚了。雖然咱互相見過二次面，也知道你在讀日本有名的慶應大學醫科，以外什麼都不知道。哪裡知道你父親有三個太太，生了一大堆的子女。你是長男，又是負債累累的家庭，還有一個已給郭家生了一個大孫子的揚氣弟婦，當時，她已懷了第二個兒子。

　　結婚12日，你就帶我回日本去繼續你的學業，那時你是本（醫）科五年級。當時你對我拿錢去買船票，我們乘日本走歐洲航路的香取丸的二等船房，從基隆到神戶包括到東京的車賃

這是很珍貴的照片。男女雙方幾乎全在這張照片中，男方最前排的六個男孩子都是郭章垣的同父異母弟弟。新娘郭林汾的右手邊，依次是主婚人林永振（同父異母兄長）、郭林汾母親、林庭訓（同父同母兄長）。

郭林汾、郭章垣結婚照（1940 年）。

宜蘭頭城二二八
遺孀郭林汾的三國人生

票價是 27 円。那時，在船內，我們獨佔一個房間，可以洗澡，吃飯要到飯廳去，不像三等的，在睡覺的所在吃。對 27 円的船票來講，可見當時錢（日幣）是很值錢的。在戰前的日円是 1 円比美元 6 元。

當在船內的第一夜，你對我說你結婚第三日，你流淚了，那是因父母對你說，媒人說我會有一萬円的陪嫁錢的，怎麼沒有見到錢？你也不敢問我。我說我對這事全然不知。當時，我兄長對我說要給我 5000 円好嗎？我對他說，那是他的意思，我沒有什麼要求。因我父親去世時，我才 6 歲。當時日人時代，女兒也沒有繼承權，我不敢要求什麼。我想將來你是個醫生，不會沒有飯吃吧？我又不是一隻目的或跛腳，怎麼要陪嫁一萬円的？我哥哥給我的 5000 円放在土庫農會組合，我母親特別另外拿了 600 円給我帶在身上花用。當時的 600 円可以買一甲園地，最好的水田也 1000 円就可買到。

在戰前，一兩金子 50 円。我們結婚那時，中日事變已發生，日本人要百姓都供出金飾，很嚴。那時供出價是一兩 140 円。我當時約有五兩的金飾都交出去了，當時的市價是一兩 180 円。所以，我們結婚也沒有什麼金飾。我只有 Mikimoto 的真珠項鍊二條，而你給我的二只手（戒）指做訂婚也是結婚戒指也不是金的，也沒有聘金，只收嘉義新台灣餅店做的 80 盒雞卵糕和一個銀盾，如此而已，簡單得很。但是，迎娶的車子卻有 20 台的小轎車，在當時是稀有的。結婚的宴客在當時新落成的中山堂，那時叫集會所。聽說殺了三隻豬，會堂排滿了

▲▲新婚時期 1940-1941 年間在東京。

桌子，不知有多少桌，我就不清楚了。大概以為有一萬円的收入，於是大大的鋪張一番了。

坐了三夜四日的船，終於到達神戶港，踏上日本本土了。這是我第二次去到日本，我在高女四年級時，曾有往日本三個禮拜（包括海上大約一星期）的修學旅行，那時也是坐三夜四日的船到達神戶，三星期的旅行，包括交通費、旅館、食宿在內是150円，從九州、福岡、博多到本州各大都市遊到日光，東京三夜，其他都市一宿，旅館的招待都很好。

咱自神戶轉往東京。當時，你和你三弟住在佑天寺（地

名）的 4 疊半（榻榻米）公
寓，一開門，就見到那 4 疊
半的榻榻米破了一大穴，而
你三弟一個人站在內面，我
感覺有些可憐的，他是個初
中三年級（的學生），或是
要節省些旅費才沒有一起回
去的吧？

　　我們在那裡住了沒多
久，陳拱北先生建議說：
「你們一時難找到適當的住
處，不如搬到李瑞珍先生的
房子去同住。」他租有一個

新婚時期 1940-1941 年間在東京。

二層日式樓房，是他兩個哥哥李瑞漢、李瑞峰先生住過的房
子。他二位哥哥都是在這裡高等考試及格取得律師的資格回台
灣去的。樓上二房，樓下三房，而房租才 27、8 円而已。他一
個人住廣闊的房子，又沒有人煮飯給他。現在，我們可以暫時
和他住在一起，一起吃飯。這是陳拱北先生的建議，李先生也
樂意給我們居住了。他的房子是在東中野，在那裡住了一段
時間。後來找到一個新建的公寓，在那裡租了二間 4 疊半的房
間。

　　由東中野到你三弟的學校，是比以前的佑天寺遠一點，要
一點鐘久左右。李先生那裡（東中野）當時還沒有水道，有一

明治神宮後苑留影，中立者為陳拱北，在其右側（左一）的是郭章垣，其左側為
李瑞珍。

宜蘭頭城二二八
遺孀郭林汾的三國人生

口井，在房子裡有瓦斯。可是這個新公寓沒瓦斯煮飯，要用木炭，每次要起火，而且古井在外面，洗衣服要到外面去。那在冬天的時候，古井的 pump 上面結冰了，要拿水去沖才能使用。起火也要拿小爐子到外面去起火，實在不便，在戰前的東京還是這樣。

因你三弟到學校乘電車要一點鐘久，所以我為他煮飯包，在 5 點要起床。雖然，你到你的醫學院，7 點才去就可以，可是他一方面要準備升學，所以在日上補習班補習，就是星期六和星期日也照常為他煮早飯。

因沒有瓦斯很不便，再去找有瓦斯的房子。於是，再找到新井藥師（地名）下宿的二房相連的房間，專門租給學生的人家厝，有（多戶）共同使用的瓦斯，也是用井水。住了不久，再找到設備比較好的公寓，是一個美國回去的日人建的，叫八紘莊公寓，大概有數十單位的大型公寓。有水道（自來水），公用廁所有抽水馬桶，公用廚房有瓦斯，房內有洗面的水槽，洗衣服可在走廊的水槽洗，比較方便，是二間相連的 4 疊半和 6 疊的，房租是 60 円一個月，是個高級公寓。

那時，我身上的錢大概用去差不多了。有了比較好的房子，我感覺有必要添些家具，那時在那寒冷的東京，你都沒有穿內面的衛生衣褲，但你三弟有了，我給你買一套。再來，想你已把書桌、棉被都給你三弟了，他一個人有二套被，我們有一套，是我帶去的，是絲綿的，初去寒冷的東京的我，感覺那太薄了。我另外有一條雙連的毛毯，那時你要我把毛毯剪一半

給你三弟，我不聽了，因我還感覺不夠尼（不夠暖和），而他一個人已有二套被了。我還寫信給我哥哥說絲棉被不夠暖，要他寄錢來給我買一條棉被。他前後寄來了 1500 円，這些錢後來也沒有買被，用去買你讀書的桌椅、一個衣櫥、外科手術書等，終於沒有買棉被了。有了家庭，還需要炊具、碗盤、茶具等，還要留一些做生活費、學費等。

在那時，頭一年的暑假，台灣家裡打電報說你母親病了，要我們回去，那時也是留你三弟一個人在新藥師的下宿，於是我們回去了。其實你母親沒有病，是要我回娘家拿錢來，我也遵命回去拿所剩的 3500 円交給你父母。那時，你母親對我說，要將這些錢拿去用我名字買些土地什麼的，其實是拿去還債的。我心裡有數，想只要你畢業當醫生，經濟就可以解決吧。以後，家裡寄來二次 150 円，戰爭緊張後也沒寄了。

我們結婚是在昭和 15 年（1940 年），而在昭和 12 年，七·七事變已發生，結婚翌年 12 月，日本向美國開戰。在那時，我們最高享受是，比如去餐廳吃個 brunch，然後去看一場電影。在那時看的電影屈指可數，但是，家裡來的信每次都說要我節儉，說我是將來郭家的主婦，要節儉等等。

日本在發動與中國戰爭時，中國地廣，日本佔領中國精華之地，物資可在當地供給維持。頭一、二年雖不太豐富，也勉強可買到食物、日用品等。

我也有一個弟弟在東京，準備投考大學。我們搬去八紘莊後，他也搬來租隔一個中院的房間，是個 6 疊的。那時，有一段

郭林汾、郭章垣與其各自的弟弟合影。

時間，我們一起吃飯。在飯準備好時，你三弟在我們這裡吹口哨，他就來了。

後來，日本發動太平洋戰爭，戰線又長又廣，補給困難。許多補給給前線的船被擊沉，國內物資極度欠乏。那時，各項食物、衣類，以及線、面巾等都實施配給，是要照戶口人數計算。米是一人一日二合一

在東京的八紘莊公寓外留影。

勺，可是後來都是用大豆、玉米、麵粉、馬鈴薯、麵條等來代替米，也有出現（養豬用的）豆餅在米中。

我小弟不在戶口內，他是領外食券到外面吃。你為要給你三弟帶便當，因米不夠，時常去醫院當值班，可在醫院食飯，節省米給你三弟帶飯包。一方面，我也為飯包菜傷腦筋。有一次，我用大豆浸軟，再用磨豆醬的缽來磨，磨得很細，再加蔥、麵粉去煎給他做飯包菜。他回來，我問他今天的飯包菜是什麼？他回答說那是煎卵，我聽了很好笑，那時連卵的影子都不能看到。

起初，四人家庭的副食品，一個月有三合的油，四兩肉，鹽、味噌、糖、醬油等的配給，連青菜、魚也少得可憐。一條蘿蔔要分給四家，連上面的菜梗都剖成四份。取暖用的木炭也照房子的大小、人口來配給。衛生紙、肥皂等都很難買到，上街看見有在排長龍就要緊去排，有時買到，有時已賣完了，也就白排的了。

你在病院，有時看到做田的患者，就拜託說要到他們家去買菜可以嗎？然後拿少許糖去，有時拿面巾去送送他們，他們才樂意給我們菜。有時你將買來的甘藷拿去病院烤來做點心吃。有一次，一個由你手術好的要退院的患者請你到他家去，說他們有麵粉要給你。於是，我們乘了很擁擠的電車，那電車都是專門為去鄉下買米、買菜來東京賣黑市的，人塞得滿滿的。我們在電車內面才知道有那麼多人專門在做黑市生意，可是我們平常都不知道去買黑市，以我們的經濟也做不到的。

到那患者的家，他父母都很親切的招待我們。他準備了紅豆包子、麵，還有自己從河裡抓來的小魚等來款待我們，在那戰爭中是難得的招待。回來時，給我們好多的麵粉，是我到如今很難忘記的回憶。

　　你於昭和 17 年 4 月畢業後，留在母校外科做助手。

　　茂木教授對你很信任，所有日本人都出征去做軍醫，咱台灣人沒軍籍，可以免去（當兵），所以有很多機會學習以及實地執刀手術。剛畢業的你給鈴木梅太郎博士（鈴木梅太郎是成功提取硫胺 Thiamine，又稱維生素 B1 的世界第一人，兩度名列「日本十大發明家」，但因諾貝爾委員會的評選疏失，未能獲得諾貝爾化學獎）做開腹手術（腸扭結第三次開刀），你在醫院整夜照顧，使他的家族很感激，因他年紀已大，又是第三次的開刀，所以終不能再起（1943 年 9 月 20 日）。那時，因日本皇帝要封他勳一等，在他臨終前由你這個主治醫來發表容態。那時新聞記者還把你誤報為「廣澤教授」！他的遺族很感激你盡力照顧，差了一位農學博士來我們公寓，送來鈴木博士著作二冊，以及當時的合成酒二升送到家裡來，還有 200 円的現金。當時，你的手當（薪水）是一個月 30 円，200 円對咱實在太好了。還有一個大倉保險會社的社長，親自送禮金 400 円來家裡，使我很吃驚，聽說他是你給他醫好腳的。

　　那時，家裡自從你畢業了後，戰爭也愈激烈，都沒有寄錢來了。那時你開始到日本發送電會社當社醫，一個月有 300 円的收入，是我們和你三弟三個人的生活及他學費來源。

臨床醫學時代的郭章垣（中）。

郭章垣 1940 年代留影。

有了固定收入，但是很難買到所要的物件。你的皮鞋破自己釘，我給你三弟補運動鞋，補得手指頭也（被針刺破）流血了。

那時（1945 年），年滿 19 歲的男子如沒學籍的，沒有當兵也要去做工員（前線補給？），你三弟中學畢業第一年沒有考上大學，第二年也沒有考上他志願的學校。（註：三叔曾矢言非東京帝大不讀，母親則說過父

親曾因親自輔導三叔數理，因三叔屢教不懂而發脾氣，有一兩次情急曾打他臉──這在當時日本教育制度下也非少見，三叔因此終身沒有記得兄嫂的好，只記得兄長的打臉，認為兄嫂欺凌異母弟弟。其實，在母親眼裡，父親把自己最好的都先給了喪母的弟弟。父親如果不是愛之切，不會苦苦哀求祖父把在台灣也沒能考上高中的三叔帶到日本，親自督促他的學業。）當時，順天堂臨時醫專剛成立，你叫他去考，可是他很不願意去讀那個臨時醫專。當你在報名截止那天從他抽屜中看到空白的申請書時，發了大脾氣，又打了他的臉，逼他把報名表填了送進去。他讀了約一學期，就說要搬出去，要住在高砂寮（光華寮）。那時，我小弟也已考上慶應大學法科，他說要搬出去，我們都不能勉強他們。於是，他們都離開了，你三弟只是要錢的時才來的。

俗語說：「巧婦無米難為炊。」在現在這個富裕的時代的人實在難以想像的。他們搬出去大概幾個月，你三弟說他去鄉下買荖頭，他吃去荖頭，把荖頭葉拿來給我，我把它拿來煮味噌湯，也吃得珍珍（津津）有味。有一次，他說我弟弟去找他，說他在吃生番薯。

後來，你說你的日本朋友出征去，他的家族回到鄉下去，房子沒人看（顧），要我們去住。於是，決定叫他們再住一起。有一天，我們到上目黑去看厝，厝是和一個日本佛寺隔壁，房子倒是很寬闊，又不要房租，實在很好。看房子那天，我們就決定搬去住。當晚，你到病院當值去了，隔天中午，我

提早上剩下來的一碗味噌湯去公共廚房要熱來吃。通常，我一個人在家的中飯都是半碗飯和一些剩的味噌湯。在熱湯的時，不知爲什麼，我感覺有水涕的物件從身體流出去，回了房間以後，再有紅的流出來了。我感覺有異樣，知道大概是我懷孕了。昨天，在上目黑車站有一段路是上坡，有些急，大概是這個原因吧。我就休息到你回來。隔日，你帶我去慶應病院看松本教授。我去廁所，感覺有個體（流）出去了，大概才有兩個月。教授給我清了以後，住院一個禮拜。那時空襲警報來了，患者也要去避難，幸好，病院都安然無恙。在那個時候，你去幫忙你弟弟和你三弟再搬家回來一起住。我出院就到上目黑的家了，那是 1945 年（昭和 12 年）2 月 11 日，也是日本的紀元節。

再開始四個人住在一起，感覺物資比以前更缺乏，好久不見肉影，魚菜也是很少。不多久，發現我弟弟在吃飯時咳得很厲害，吃湯也會咳。那時，你給他看他的咽喉了後，對我說他是咽喉結核，他大概只有六個月的時間。聽到實在很悲傷，可是那個時候沒有特效藥，也沒有營養品可給他，實在太可憐了。有時，青菜的配給只有二支蔥仔了。

在 4 月，開始美軍來空襲東京的 35 區，先是中野區。春蓮（註：母親異母兄長之二媳婦）以及李瑞珍先生的房屋都被燒了，被迫疏開到鄉下去了。到了 5 月 24 日，輪到我們目黑區了。（註：據母親口述，美空軍會預告他們下一個將丟下燒夷彈的地區）那時，看到對面的房屋中了燒夷彈在燒起了，一間

厝燒起來實在太快了（美軍更會丟下宣傳單，譏日本爲「紙」之國，非「神祇」之國）。於是，全鄰的婦女決定避難到公園去。我空手隨著同鄰的人去公園，等飛機走後回來時，房屋已經沒有了。那時，只有把物件丟到池塘去，才能避免被燒毀。棉被撈起來很重，晒了好幾天才乾。從此又沒有房子住了。

我弟弟受了空襲的打擊，飯都吃不下去了。於是，將他帶去住病院，在中野慶應分院了。

你三弟去找朋友一起住，我們暫時住在（佛）寺內的 3 疊的房內，煮飯在露天，房屋燒了後的所在。在那裡燒了後的厝地，你不知從何處拾來南瓜的苗來，植了約十株，生了好多的南瓜，差不多 5、60 個，我們都吃不完。可是，你三弟拿了很多去，不知如何，他會吃那麼多？

在那個物資欠乏的時，我弟弟實在太可憐了，連一個卵、一杯牛乳都不能給他。他在病院的飯都吃不下去。我沒辦法，只有用麵粉煮成麵糊，加些糖，叫你天天拿去給他吃。他（因喉頭結核）不能說出聲音，可是聽到你的腳步聲，就很歡喜，那是他的護士說的。

可憐的弟弟，終於在（1945 年）8 月 13 日過世了，年 25 歲。那夜，在病院太平間守靈時，還有空襲警報，所以，熄了蠟火，再避入防空壕。

後來，在醫務室，有醫生 3、5 人在談論，說戰事大概可結束了。8 月 10 日已在廣島、長崎等地被投下原子彈，一般百姓都還不知情。

郭林汾胞弟，就讀慶應大學法科，戰
爭結束之際因咽喉結核，死於東京。

8月14日是我弟弟火葬的
日，在那個到處燒光，連人要
住的地方都沒有的情形下，幸
好病院因你的關係，提供做棺
材的木箱及火柴帶到火葬場去
燒。翌日，去拾骨回來的途
中，聽見日本天皇放送的聲
音，那是無條件降服，叫所有
兵士放下武器，停止戰爭的。

戰爭實在太殘酷的，為了
戰爭，不知犧牲了多少生命？
我弟弟也可說是間接的犧牲
了。如果沒有戰爭，有充分的

營養，他或不會那麼快就結束他一生了。

由於戰爭的結束，我們台灣可以回歸自己的台灣，做咱真
正的台灣人了。

我弟弟死，恰好住佛寺，所以做七七都給他請和尚誦經到
百日。戰爭中你也因日本人都出去戰爭，男人只剩老人，所以
你當鄰長，幫助消防。寺廟的屋頂是用茅草蓋的，有一個燒夷
彈落在屋頂，給（被）你消滅，四周的人家都被燒，只有那個
草茅的寺廟竟留下來。起先，住持對我們還不錯，可是後來日
本戰敗，你父親打電報要我們馬上把姓名改過來，他們的態度
就不一樣了。後來我們決定回台灣建設自己的家鄉。

你對你三弟說，我們要回台灣，叫他把姓名改過來。他說他不回來，他要和日本人結婚。你對他說，她在哪裡？可帶來見見面嗎？但是，幾個月後都沒有見到她。自8月15日日本降服，我們是翌年2月21日的冰川丸回來的，在那期間她都沒來，你也沒有辦法，所以對你三弟說：「你如果要去給日本人入婿，做哥的也不能干涉的。」於是我們回台灣了。

　　你那些醫學書籍（德文）是放在病院才沒有被燒去的。我們將那些沒有燒去的東西賣去得了多少錢，我也不知道。你買一些各科外科手術的儀器，現金只帶有一千多円日幣回來，你有沒有拿多少給你三弟我都不知道。

　　我們到基隆港，還沒有下船，看見岸上的人都是赤著足，看起來很寒酸了。我們在日本受了物資的欠乏，想著以前台灣（基隆港）的五錢麵，看樣子，這是以前的夢了。後來，上陸去吃一碗麵是20円，才知道時代在變了。

　　乘南下的夜行車，車窗的玻璃都破，也沒有電燈。（從日本）上船時，大家都拿著東西，我只背了我弟弟的骨灰，火車將要到斗南時，我才將骨灰交給內甥林滋昌帶回土庫。半夜到嘉義旅社過夜，翌早才回到溪口。

郭勝華：

　　就這樣，母親結束了她的日本國民生命歷路，沒有選擇地變成「中華民國」國民，但另一段更崎嶇的人生旅程正擺在她前面。

回家翌日，你母親對我說，你的布料都被做去穿了啦。我一看，我二大箱的布料剩不到一半，全家大小都有做去穿了，又說你的錢也寄去日本給你花用了。硯台、毛筆盒也沒有，連裁縫剪刀也被人用去（得）沒刀尾，連我登新高山（玉山）所用竹斗笠帽的套子也被人拿去用了。我在學校時手藝科做有兩個椅墊，是我自己設計圖樣，一針針的繡起來的，因我不在，小姑美秀就把它們拿去，準備要做她自己的嫁妝。後來我回來，才自己拿來還給我。我自己做的東西是要留起來做紀念的也通通沒有了。我不曾看到這麼不尊重別人的私有權（的人），（她們）還說我太孤獨小氣了。

> 郭勝華：
>
> 這些我自幼年時十分喜愛把玩的，母親很珍惜的女紅，已經有將近80年的「歷史」了，有的曾因浸過水而對比顏色稍褪。母親有了自己的公寓（Heiwa Terrace）時，決定要把這套椅墊帶在身邊，直到93歲高齡辭世前4年因輕度中風，遵醫囑住進養老院時，我才接過來保留，做為紀念。

後來，我回土庫娘家，母親對我說，媒人陳振東先生曾到家裡說我連針線都不給你三弟？才知道原來他寫信回家告狀的。所以，每次家裡來信都說要我節儉等等。（戰爭中）他的運動鞋破了，我給他補得手指頭流血，你都看見了，他都不知道，還說那些話。我想起有一次他買新帽子，說戴新帽子是沒

有派頭的（沒有大老氣派），他將新帽子剪破，再來向我要針線去縫補。因爲線是配給的，很難買到，所以我向他說了幾句。

後來，你去台北，和幾個朋友想要接收一個日本人醫院，大家合作做一個綜合病院，可是太慢了（別人捷足先登），都找不到適當的醫院了。

王金茂先生在省衛生局當課長，他是宜蘭人，由他介紹你給衛生局長經利彬。他與你用英語交談，終於給你當省立宜蘭醫院院長的聘書。已進入台灣大學醫學院的陳拱北先生則勸你也去台大醫院，他認爲台大人才多，不會因爲突出，而像椅子上浮起的釘子，會被人用鎚子鎚下去。可是你因爲家中人口太多，醫學院的薪水不多，沒有去台大。

我們上任不久，就聽說你三弟帶妻子回來了，而且已懷孕了，因爲溪口家中不能寄錢去日本了，所以回來台灣。我們感到太不會做人，事實起初因怕養不起孩子，計劃暫時不生孩子的。可是你三弟又要繼續讀書，誰給（替）他養妻子呢？當時，你薪水是舊台幣 6600 元，他寄宿（台北）大姑家，我們給你三弟一個月 2000 元做生活費，你有時到台北開院長會議，回來都說，順便拿 50 元給他花用，（讓他）吃點心什麼的。你在宜蘭任職期間，雖然薪薄，要給三弟的生活費都花去近三分之一了。

還有，只有十個月的期間，也寄一萬元回家補貼家用。家裡人口那時就有 15、6 個，我們也不得不儉用，那個時候，你

吸的香菸都是最便宜的鳳梨香蕉（香菸的牌子）。

　　當時，無論學校教員或警察等台灣人公務員都領不到薪水。你上任後也聘了幾位醫師，也都是出外人，還沒有帶家眷來，所以我們一起吃飯，一起住在院長宿舍一段時間。後來，薪水下來，他們家眷也來了。

　　當時，有一個日本人的醫院，是日產。你到省政府去爭取來做醫師們的宿舍。那時，聽說宜蘭市政府也在爭取，後來給你爭取到的。（註：這也許種下日後先父與宜蘭市長朱正宗結梁的起端？）還有，當時護士宿舍因戰爭被炸壞，你說我們兩個人，不必住這麼廣闊的宿舍，就讓給護士們去住了。那時，市政府有好幾棟宿舍是日本人新建的，還有空的。你向市長交涉，於是，我們和李瑞珍先生搬進市有宿舍去住了。（註：母親日後認為市長表面應允，實則認為郭院長與他爭日產，種下朱市長日後公報私仇？）

　　我們還住在院長宿舍時，你母親來一次。在那個時候，我也因有你母親可以照料你，所以我也回土庫去一趟，順便帶我母親去宜蘭。我母親來了幾天，你母親就說要回去了。那時，有患者送來鴨卵、鴨賞，我統統讓她拿回去了。我母親大概住了10天左右，我哥哥就來接她回去。那時，我母親給我5000元（在這裡說的都是舊台幣），我把錢收起來，向你說，你的薪水都沒有餘剩，你是院長，新年都快到了，或許你有必要請醫院職員來家裡吃吃飯，大家溝通一番。

　　後來，你母親第二次來，我出去買菜，她就打開我的皮

箱，見到裡面有 5000 元，就對你說，大姑（註：父親胞姊）的經濟不好，要你拿些錢給她。當時，你薪水只有 6600 舊台幣，給你三弟 2000 元已經近三分之一。你也知道那些錢不是你的薪水，你也不敢說要給她。

有一次，我們和你母親在吃飯的時候，你母親說要錢給你二弟做西裝。你馬上脫下你穿在身上的褲給你母親看，那是結婚以前做的，屁股（的地方）都破去，我用線一針一針的補起來給你穿的。

你雖然當了院長，也沒有做新衣服，只有土庫的母親給你夏天的西裝而已。後來，我拿了一塊我準備要做大衣的毛織布（嫁妝）給你做一條褲。但那褲子你也沒有穿到，你就離開世間了。

講起做那條新褲，我就想起你到宜蘭赴任後，頭一次回溪口家裡那夜的事了。那是舊曆正月 17，我大姊的二女兒要嫁，要我去伴嫁，而你也贊成回家一趟。我在火車裡面吃柑仔，不知何故，我竟吐出柑仔來，後來才知道是懷孕了。

你先帶我去土庫，然後，你一個人回溪口，翌日你再來土庫吃請新郎的喜酒，然後又帶我一起回溪口。那夜，我們結婚的房子，眠床已被你三弟妻子和小姑美秀佔去。你母親說要你、我、父親、母親、四個弟弟、兩個甥兒一起睡在一個總床。你不要，可是，你母親也不叫美秀她們讓（床）給你這個大哥。後來，你堅持要自己的房間，也發了少些脾氣，她們才移到後面的房去。

當我們要睡覺的時候，你母親坐在我們床前放聲大哭，哭到天都快亮了，都不能睡。我實在不能理解你母親心情，她是你的親母親，而你是大兒子，已經結婚，應該要尊重你這個大哥的才對。她以為你結婚了，就不要父母了？我在正月時候頭一次回家去，她竟哭到天明，而你沒有想在一個月後，你就離開世間了，實在是一個壞兆頭。

隔天，我們才拿了那塊布去嘉義西裝店給他們縫做，褲做好，你已經去了，你實在很薄幸了，連你母親也不能理解兒子的心情啊！後來，你三弟（將褲）拿來宜蘭，我也不願將那褲給什麼人了。我把它拿去換了一條毛毯來用，那是軍毯，因在東京配給的那條，你將它給你三弟。我那條舊的也都破了，現在我沒得用，有什麼人要替我想嗎？

在宜蘭，你後事也是我一個人處理到一個禮拜。你大姊和父親來過，後來，由你三弟來接我回溪口。那時，途中還有軍人在檢查行李。我把病院職員的香料二萬放在我大衣的口袋內都被發現了，但他們不敢拿去，我也將它拿回，交給你父母了。

我回來不久，你二弟就對我說家裡人多，要把你留在病院的那些外科手術儀器賣給宜蘭病院，我答應了。後來，他去賣了多少錢，我都不知道。他說要買一塊水田，可保持家裡的糧食。可是，他沒有用父親的名，也沒有問我什麼，就買了三分水田，登記在他兩個兒子的名下了。

> 母親的「婚姻」寫到這裡打住，我的心跟著糾了結！

郭勝華：
外祖母與我

　　我一出生就沒有父親，出生的戶籍紀錄，父欄寫著「父：郭章垣（歿）」，那是做代書的（內）祖父在我未出生以前，以陳情書的方式向戶籍機關呈報他的長子死在宜蘭省立醫院院長任上而來的。祖父給我的記憶是，他千方百計要有一個做醫生的第三代，讓郭家接連著三代都出醫生；內祖母給我的印象是，只有要向母親這個終身沒有再嫁的郭家大房寡婦榨錢出來，讓她的寶貝二房男孫讀大學時，才來找母親。他們從沒關心我這個他們的大兒子唯一的血脈有沒有衣穿，有沒有飯吃。

　　母親在父親死後，帶我回娘家，曾有幾次再婚的機會。有鰥夫而子女成群的大企業家，託媒人來說媒，說是母親不妨帶我這個拖油瓶嫁過去；也有慶應大學的醫科前輩，希望娶母親為續弦的……但母親一直沒有再嫁。我曾提起這個疑問，她只輕輕地說：「嫁一次就怕了。」怪不得她在〈婚姻〉文稿中對亡夫的獨白寫得密密麻麻的 17 張信紙，一萬多個字。

　　4 歲多時，跟母親回到土庫後，母親馬上跟鎮上另一大家族

陳家，也是守寡回娘家的陳碧禎阿姨一起做裁縫，替人家做衣服。她拒絕校長親自登舅父門，建議母親當小學教員的好意。她的回答是：「這個政府殺死了我孩子的父親，我沒有辦法再去學注音符號，我沒辦法去教小孩子們要愛這個政府，我沒辦法去教小孩子們要愛這個國家。」

我們母女一開始時，暫時住舅舅在郊外的莊園，那裡離鎮上最熱鬧的媽祖廟前貫通中山與中正兩條大路的廟前路（陳阿姨的店面與她姊夫的西藥房就正面對著媽祖廟，在中山路中間點的地方）有至少10分鐘的路程。有一件值得母親一再提起的事是：我那時已經學會在中午時，替母親自舅舅家把母親的午餐飯包送去鎮上給她。但有兩次出了些紕漏，一次是我把飯包送到店門口，跌了一跤，沒綁好的包巾散開，飯包打散滿地，我嚎啕大哭，母親就近叫來一碗麵，我們一起享用。另一次，我走上叉路，差一點走失了，幸好有熟人把我送到母親工作的裁縫店。母親也喜歡提起我小學時，中午跑回家，為患有腰痛的母親生煤炭爐火。

外祖母是與內祖母完全不同類型的女人，在日本時代的大地主家庭，她手中多少握有一些經濟權力，在母親經濟吃緊時，會以私房錢為她貼補。我的感覺是，改朝換代以後，舅媽才是家中掌權的女人。加上大姨丈也走了，留下五男五女，祖母也很照顧他們。後來，外祖母除了菸與檳榔錢外，只能靠自己飼養的雞、鴨等得到一些貼補了。而且，外祖母是不識字的。

但這些都不影響外祖母對我的疼愛。鎮上唯一的戲院老闆是

很善良的商人，他還有一家五金行，也有一個至今是我很要好，自幼稚園與我同班的女兒。賴老闆的弟弟娶了我大姨母的長女，加上舅舅又是鎮長，所以每當有歌仔戲班來到鎮上公演10天，賴老闆一定送10張戲票上門給外祖母。那時，小學直到四年級才全天上課，所以我下午沒課時，祖母一定打著傘，拿著檳榔、香菸，帶著我去看戲。四年級以後，賴老闆的女兒會帶著我走戲院後門，經過演員搭帳棚的後台，穿過層層帳幕，自表演台旁邊的幾階樓梯，走到觀眾群中找個椅子，坐下來看戲尾。有一次，我穿錯了高高垂下的左右各三的帳幕，意外出現在表演舞台上，唱戲的和觀眾都嚇一跳，我自己也慌忙地鑽回去，由另外的帳幕縫跑下台，這也是我永遠記得的一件糗事。

外祖母有好吃的東西，總是會偷偷為我藏一些起來。有時候，她自己飼養的雞會乖乖不做聲地讓她包在包巾裡，帶到我與母親的家中給我們加菜。我更永遠記得，祖母知道已讀高雄醫學院的我會坐長途巴士回土庫度假，某次她把雞腳用繩綁住，抱在布巾中帶來我家樓上的廚房，但當時母親不在家，原來是到隔街表嫂開的西藥局去坐坐閒聊了。於是祖母把雞放在廚房中便回家了。我因為巴士提早到站，在母親回來之前到家，一見二樓的家到處是雞毛，亂成一團。大吃一驚，以為發生什麼事了。直到母親回來，我們找了大半天，才找到掙脫布巾後躍出三尺高窗，躲在窗外連接的一層建築商家混凝土屋頂（我們當晒衣的地方）屋簷處的雞。那是一樁又驚又喜又好笑的往事。

祖母也會在初一十五上媽祖廟燒香時，帶著我去燒香。鎮上

也有香火不衰的廣澤尊王城隍廟。這一切對我來說，起了潛移默化的深遠影響。祖母也會找我談戲，我是她兒孫輩中，唯一會傾聽她說戲的孩子吧？外祖母是我很想念的人。

郭勝華：
我的叔叔們

母親在她〈婚姻〉遺稿中這麼寫著：

「1940 年，9 月 5 日，咱是由土庫陳振東先生（牙醫）做媒而結婚的。想起當時的我，實在太幼稚了。雖然咱互相見過二次面，也知道你在讀日本有名的慶應大學醫科，以外什麼都不知道。哪裡知道你父親有三個太太，生了一大堆的子女。你是長男，又是負債累累的家庭，還有一個已給郭家生了一個大孫子的揚氣弟婦，當時，她已懷了第二個兒子。」

二叔，與父親同父同母，擔任祖父的文書助理。父親遇害後不到 4 年，因盲腸炎併發腹膜炎辭世。我只知道二叔除了我出生那年已有三男二女外，又添一比我年幼的女兒。除此之外，我對二叔一無所知。倒是二叔的次子，原先祖父母開口說要他替父親傳香火，可是母親說：「我也不曾生他一隻手或一隻腳，不曾以母子相處過一日，戶口上也沒有登記過戶，我不敢要。」

三叔是祖父二房的長男，如果我沒弄錯，三叔的親媽在他出世之前，好像已生下了二個女兒（我也只知道父親有一位同母的長姊，似乎還有一位妹妹）。當父母親新婚，母親隨父親回東京

郭章垣的大弟。跟隨做代書的祖父做文書工作。早婚，1947 年已育有三男。

郭章垣異母弟弟，由郭章垣帶到東京讀高中。戰爭結束前，進順天堂臨時醫專，戰後回台入台大醫學院畢業。

繼續學業時，三叔是初三學生，大約是他親生母親在生下第五個男孩，產後血崩亡故不久吧？（三叔有五個同父同母的親兄弟）

　　四叔是祖父的另一個太太為他生下的兒子，後來做了校長。這位祖母年少守寡，與原來丈夫沒有嫡生子女，後來為祖父添有二男，四叔姓郭，他的弟弟從母姓。

　　五叔是最照顧我的一位，也常是他們兄弟中的籌劃掌舵者，在房地產事業曾經很成功。只可惜後來被黑道綁票而一振不起，出走美國。

　　六叔在我幼小時，曾殷實殷勤地把我抱上抱下，是祖父母身邊默默可以差遣的人，十分善良。我隨母親回土庫後，每年農曆

初二，常是由他來接我們回溪口「探親」。父親當年草草埋葬宜蘭公墓 10 年後，也是由他陪母親與我到宜蘭把父親遺骨收斂，改葬溪口郭氏家族的墓園。

七叔成家後，早年曾與七嬸做過鐘錶生意，後來與五叔合作，在房地產方面曾有很成功的業績。但五叔的黑道綁架事件大大牽累到他。他曾在李登輝時，受其賞識，做過國大代表，幾年前過世。

么（滿）叔自小跟隨三叔，是他的藥局生，隨診的摩托車司機。後來他也有了自己的藥局，有時候還會爭過三叔晚年的鋒頭哩！我的印象是么叔有一張笑臉常開的娃娃臉，六叔忙時，他也常在農曆初二來土庫，用摩托車載母親與我回溪口看望祖父母等。

在父親之上，還有一位兩歲么折的哥哥，所以祖父總共有 10 個兒子。他們的身高是一個比一個矮。七叔常開自己玩笑說，那是因為戰爭中沒足夠的東西吃，只能醬油攪飯吃著長大的緣故。說得也是，在日本東京的父母，在食物匱乏配給之下，母親的弟弟也因營養不良，死於戰爭結束前一、二日（母親遺稿有描述）。

我的三國誌（上）

*郭林汾主述，文中楷體字為郭勝華註解與補充說明

夢幻的憧憬：戰爭結束，回歸祖國

　　我的弟弟在 1945 年 8 月 13 日逝世於東京，8 月 15 日，我們到火葬場領骨灰回來的途中，聽到日本天皇在向全國人民宣佈日本投降。我們在等候船隻（船隻少，船票難買）回台灣，等到隔年（1946 年）2 月 11 日才乘冰川丸回台灣。當阮在等候回台的船隻時，有時出去會看見有人在路邊排地攤，賣一些無燒去的東西，他（註：母親回憶中的「他」是指父親）發現有一張孫文先生的真人照片，如獲至寶，將它買回來，他是嚮往祖國了。

　　坐船回台灣時，大家都盡量拿著物件回來，我只是用背袋背我弟弟的骨灰，引渡著弟弟的靈，到斗南才交給外甥林滋昌（母親異母兄長之子），他是同船自日本回來的，由他帶回土庫，安葬自家墓園。阮是 1946 年 2 月 17 日回歸故鄉台灣，不再是日本人了。

　　他懷有外科手術的技藝，也有為故鄉服務的熱情，但他不能滯在家裡長久。他都出去台北等地找看有沒有日人所留下來

的病院。但因 1946 年 2 月才回來結束做日本人，病院都已經
互人（台語）接收去了。他有招同學朋友來合開綜合病院的抱
負，但都未能如願。後來，在省衛生局當第三課長的王金茂先
生，他是慶應先輩，也是宜蘭人，經王先生介紹給省衛生局長
經利彬，說省立宜蘭醫院院長一職有欠。他用英語與局長面談
後，拿到聘書，5 月中赴任。除內科主任以外，小兒科主任是
李瑞珍同學兼副院長。耳鼻科、婦產科等都是新招任的。他本
人也兼外科主任，有蔡陽昆醫師當外科醫師，準備把蔡醫師培
養來接外科主任。

郭章垣出任省立宜蘭大病院院長的證照正反面。

　　戰爭中，護士宿舍被炸壞，醫生與職員宿舍也沒有。院長

有三間房的宿舍，起初，那些獨身醫生一起住在院長宿舍。後來，有一間日產中山醫院互（被）宜蘭醫院接收做醫生宿舍。後來因市政府有餘額的宿舍空著，所以向市長朱正宗交涉，暫借二間做院長及副院長的宿舍。因為當時戰後聯合國救濟總署有派人來視察病院了，按院長郭章垣陳情，決定要復建護士宿舍以及傳染病棟，所以才向市政府暫借（宿舍）。這時，市長朱正宗口頭說好，心內大概不爽，但實在不得已的。

後來，在 7 月間，宜蘭發生霍亂，這是漁船與大陸來往所帶來的。日本統治時代，有衛生警察在取締、管制青果魚類（預防傳染病），但在大陸無那衛生觀念。市長有行政權，但病院院長沒有行政權。市長對商人說：「是郭院長說你們不可賣青果魚類。」（霍亂是經由人的糞便傳染），這樣，把責任推給他。病院所有醫生護士日夜總動員，出去各戶注預防注射、檢糞、隔離病人，無暝無日在做醫療工作，各鄰里都行透透。我先生駐在病院，我是由小兒科的醫師和護士在晚上 11 點來給我注預防射（針）。不知死多少人，也救了多少人。值得安慰的是幾年後，有一位胡清正先生在田秋堇所辦的《噶瑪蘭》雜誌寫文章，說他弟弟才 22 歲時患霍亂，已一腳踏入棺材，是郭院長把他救回來的。另有一位王成章牧師也曾在報紙上寫出他 12 歲時患霍亂，是郭院長救其一命的。兩人都說郭章垣院長當年救了百人以上的宜蘭人。王牧師也建議，應該在醫院為郭章垣院長立銅像紀念。這樣，有人紀念他，我們就得到安慰了。

夢幻的破滅：生離祖國，死歸祖國

　　他滿心心意要爲祖國台灣盡他所能，但祖國中國不愛他。1947年在台北，2月27日發生取締菸攤而引起警察打死人，群眾不滿，終於發生全島性的事件。但在宜蘭並無打死一個外省人，只有學生去接收武器（事後研判，可能是陷阱），於外省警察躲起來時，遊行維持治安，事後接受郭章垣院長指示，把武器（舊三八步槍）集起來，放在倉庫保管。（朱正宗向陸桂祥呈報書稱郭章垣院長爲司令，後來以武器數量不符，嫁禍郭院長）

　　宜蘭地方是很平靜的。後來，台北有組織處理委員會。不久，陳儀向全島廣播，說要各所在組織處理委員會。於是，宜蘭也發起組織處理委員會，本來是頭城鄉長盧纘祥被推起做處理委員會主任委員，後來變做要推郭章垣院長（做主任委員），他推辭，因他來宜蘭不到一年，他是外地人，他是醫務人員，但他都推不去。後有人說，陳儀要地方的人士出來組織，處理委員就是黑名單，有計劃要消滅台灣菁英。有人從此去山內住幾個月，事件平靜才出來。我先生有人帶他去山上（郭文鸞處）避2、3日就回醫院（好像是副院長來找他回去？）。他因有職務，也驚去波及他人，認爲如果政府有誤會，去說說溝通就可以了。在此時，他大概心內有決定要就義的，留下「生離祖國，死歸祖國，死生天命，無念無想」這16字，大概是那時留下的（遺書日期是3月14日），放在醫院。

那是 3 月 18 日凌晨 2 點，許多士兵在門外叫「郭章垣」，他在裡面應聲，一邊穿衣服。才穿好外褲，那些土匪兵就打破玻璃門進來，直接到阮住的房間，立刻以槍抵住我們，隨手抓了一條領帶綁（蒙）住他雙眼。在整房內翻箱倒櫃，要找武器，但是什麼也沒尋著。隔室的蔡陽昆醫師聞聲趕來，要求給他穿好衣服，都給（被）他們拒絕了。後來，我拿他的大衣給他披在肩上，就這樣被架走了。那些土匪兵順手牽羊，拿走蔡醫師掛在走廊壁上的雨衣。

當時，與我先生同卡車被綁的有八個人，但是有一個叫林金村的人，是電信局的主任。他幸運地被相識的軍人認出，就說抓錯人，將他放走，直到 40 年後才敢說出真相。他說他並無做什麼差錯，因軍方叫他打電報到台北，而台北那邊不能接，已經不通，就說他不聽命令，就這樣要送他去死刑了，後他被關起拷問很長時日，才被放出來。不過，後來又前後兩次被抓，被關了近 20 年。

他們有武器就可以亂殺人、亂扣赤帽子，不知冤枉多少人，實在無法無天，野蠻至極。很多人都不知自己為何遭到槍殺，都無審、無判，還滅屍，這就是我們的祖國嗎？

19 日上午，有人來病院說，在頭城媽祖廟前，有人被槍殺，要我準備去認屍。於是，準備他要換的衣服、牲禮，棺木大概是病院給準備的。當時，有一個年輕的巽醫生，他是在大陸的醫學院畢業回台灣，剛來病院要學習外科，他是住頭城的人，由他用腳踏車載我到頭城去收屍。有公工在掘出一個一個

的死體給家族去認，他是第五個被掘出來的，還是五花大綁，我看見這樣，像結冰，連一點眼淚都流不出來。我趕緊把繩子解開，用院方準備的藥水把身上土砂洗乾淨，換上衣服，然後蓋上白布。這時，一股清紅的血自心臟傷口流出來。

丈夫冤死，我拒為教師

　　將他埋在宜蘭公墓，回到原地，已是凌晨 1 點。他被埋在廟前已經過一夜，他從被捉到槍殺不到 24 小時。他僅在心臟處有一個槍口，諒必是未斷氣就被活埋的。他們本來就要載這些人去（槍殺後）填海的，因橋壞去，卡車不能通，才臨時在廟前槍決，埋在一起的。我只知道那個年輕醫師姓巽，也不知他名字。他載我到他家休息到天明，他母親準備早頓粥飯給我。巽醫師說，郭院長的墓地他會時常去看，叫我安心。但是，頭一次清明時，我和小叔及他父親，以及出生五個月的女兒去掃墓，都沒有看見巽醫師。6 年後，我們再去將他遺骨拾回故鄉溪口埋葬，都沒有看見巽醫師。到現在，我時常打聽他的消息，都沒有人知道。我擔心巽醫師母子是不是因為幫忙我，也遭軍隊毒手了？巽醫師的恩情，阮時常掛在心頭。（註：撰寫《噶瑪蘭二二八》的張文義先生後來證實巽醫生沒有出事）

　　當時，女兒還未出生，我回去外家時，有土庫公學校校長李茂焚先生來我哥哥處說我可以去教書，或當幼稚園的老師。他好意本身親切來關心，但我回答他，這樣的國家，我如何去

宜蘭頭城二二八
遺孀郭林汾的三國人生

教學生咱的國家是好的？我如何去教學生要愛這個國家？我又要重新學注音符號，我無興趣。我謝謝他的好意，謝絕了。做教員或要入國民黨，我絕對不可能。以後，我都不准我女兒加入國民黨，那是土匪黨，和共產黨眞是雙胞胎了。他們都是無法無天，無人權，比美國的貓權、狗權都不如。如果講日本人是異民族，他們對待台灣人也沒有中國那樣殘酷。日本人對台灣也很有建設，也有道義。

二叔去逝，婆婆勸我再嫁

我事後（註：指在宜蘭處理父親的後事）回到他故鄉溪口待產，七個月後，到10月她才出生（註：聽說我超過預產期幾天，姍姍來遲）。她祖父期待生一個男孩，要號名勝華，但是生出來是女的，他照樣給她勝華的名字。

阮自日本回來時帶有外科手術儀器，放在宜蘭醫院，直到他死後，我女兒還未出生，他二弟（公學校畢

郭林汾抱年幼的郭勝華，也是郭勝華第一張照片。

業就一直在家幫忙他父親做代書業務，和妻子生有三個兒子、三個女兒）對我說，家內人口多，要將那些儀器賣給醫院，得來（的錢）買一些土地，可有收成來幫助家內。我說：「你可以去處理吧。」但是，他將那些儀器賣掉多少（錢），買了多少土地都不說，我是後來才知道土地是登記給他兩個兒子。當時我都不計較那些。4年後，他二弟患了急性盲腸炎（併發腹膜炎），到省立嘉義病院手術不治，終於離開世間。他會幫他父親做代書業，又已有三個男孫，他父母的傷心可以諒解。

　　不久，他母親，即我乾家（婆婆）有一天對我說：「你那個女兒去給人家養飼，你可以再嫁。」我聽了後對她說，生的雖然是女的，但她是郭章垣唯一的血脈，她是我所生，我有責任養育她，於是我回到土庫我娘家。

郭勝華：
土庫生活的靈異故事

　　這裡母親沒有提起她在父親死後不久到嘉義，在第三高女同班好友郭招茂阿姨鄰居余姓太太（嫁給台灣人的日本女人）處學得「電頭髮」（真正用電線與通電筷子把頭髮捲曲）的謀生之技。這位余姓太太也是後來曾任高雄醫學大學校長余幸司的母親。母親曾對我說過，那時「電」頭髮是二次世界大戰後才剛流行的尖端時尚，母親曾說她那時的收入可達每月儲存一兩黃金。母親回娘家後，二嬸也接了她的電頭髮工作。

母親回土庫也不見得是舅媽歡迎的，這中間還有一段靈異故事，到美國信了基督教後，也許是教會禁忌，母親不再提起，模糊帶過。但是，這段靈異故事卻是母親決心全力教養我的一股冥冥中的推動力，不管是不是迷信，或是實情有多少，我將依母親口述忠實紀錄下來。

　　父親在宜蘭頭城媽祖廟廟埕上被謀殺後，當地盛傳郭章垣院長等7人的鬼魂出現。傳聞最盛的內容是，有人看到他們在曾窺見凶案的殺豬父子車後幫忙推車上坡；與父親平常接觸最密切的職員李本壁先生夢見郭院長來相辭，他形容郭院長滿臉通紅，有如關公；母親也夢見父親身影來到床前，只說了一句「已被決定槍殺」就轉身消失了。《宜蘭大病院的故事》一書當中，也有描述拜「院公」的記事。

　　說起來，父親死後約4年，二叔因盲腸炎併發腹膜炎，也拋下二嬸與三男三女走了。同年，母親的娘家也有事情。舅母回去斗六參加娘家某親戚的葬禮，回到土庫後，生了一場不小的病，而且跟著昏迷不醒。當醫生已盡心盡力，病人還沒有起色後，家中開始請來神明，焚香問卦。

　　聽母親說，家中問了好幾尊神明，都找不到答案，後來也請來了七娘媽。七娘媽給了這麼個線索，說是舅媽回娘家送喪中了邪，三魂七魄有五條已遊走在陰府。幸運的是，遇到結伴的父親與小舅舅，被他們拾獲。但是，小舅舅與父親表示他們有所求，以交換舅媽的魂魄。

　　通過乩童的附身（觀落陰），小舅舅與父親分別出來說話。

小舅舅表示，希望姊姊（我母親）回娘家住，替他為林家「巡頭看尾」。

母親回答說，長輩準備將二叔次子過繼大房，溪口可以住的話，就住下去。

父親則回說：「家中有一尾毒蟲，你住得下去？她（指二嬸）要自己好，今嘛（現在）有巧（較）好嗎？白花子（男孩子）我不要，紅花子（女孩子）才是我親血脈，你要好好教育她，將來她會讓我留名。你的兄弟要照顧你，你就把孩子帶回土庫養大。」

郭林汾、郭勝華回娘家後的第一個春節。郭勝華外祖母左手邊為表哥林正坤、舅父林庭訓、郭勝華。外祖母的右手邊為表弟林正昌、舅母林葉璨雲、表哥林正明。後排左起為郭勝華表姊林文媛、郭勝華母親郭林汾、郭勝華的表姊林榮珠與表哥林正芳、林正義、林正治。

母親說，最令她驚訝的是，當她弟弟出來說話時，聲音沙沙啞啞，與臨終時因喉頭結核發不出聲的情況一樣，這不是外人知道的，母親不曾告訴過任何人。

乩童取了金紙，寫了同意書，取了舅母的腳模手印，燒了金紙，並向天公請求為舅媽添壽。說也奇怪，舅媽就這樣醒了過來。

關於四哥庭訓

我母親還在，哥哥（林庭訓，堂兄弟排行第四）也不反對，他們將一個二層樓房給我住，還把二甲三七五的水田登記給我。但那樓房已租給人家，又都是欠房租，他（租賃戶）說無所在可搬，而且還把樓上租給人家收租。我哥哥終於到法庭告訴，我們勝訴，他還不搬走。後來，我外甥正明到街尾找一個平家，付給厝主一個月的房租，然後強制執行，將他們搬走。因為自蔣政權搬來台灣了後，他們兵隊都亂來霸佔人家厝宅，所以百姓有樣看樣，說住者有其屋。

平均地權，有土地的，只能一戶保留三甲，其他都要放領。我三哥（林永振）有一百多甲土地，他不知分戶，只剩下三甲土地，他氣得一病不起，不久就過世。四哥有六男二女，及他們夫婦，共 10 人，因分戶，得保留三十甲，是地政課的人教他分戶，才可一戶保留三甲。我的（異母）大哥在我未出世就過世，他只有一子，還有一個養子，他們都已經分戶。二哥是堂哥，也已過世。

郭林汾與郭勝華於土庫家樓上合影。

　　四哥（胞兄）庭訓，日本時代 27 歲，就以全台南州最高票當選州協議會員。當時，附近小庄都沒精米工廠，要用牛車載稻穀來土庫精米工廠（來碾米）時，聽到某某人（林毬）的兒子在競選，就自動投票給我四哥，這是父親的遺德。後來他又參選中華民國第一屆縣議員，也是第四選區的最高票當選。後來，他參選鎮長，又勝當時的現任鎮長，後連任三任，直到不能再連。我四哥林庭訓做鎮長時，為了要爭取自來水水道，向省民政廳走好多次，民政廳長為他的熱情，終於答應了，還有建立中山堂為鎮民會議所在。其次，拓寬街道。古早的土庫街道，在清朝時代是用紅磚鋪起來的，沒有鋪磚以前是泥土

郭林汾與其母親於土庫家樓上合影。

路，下雨時陣，泥水都會沾污褲子，所以地名叫土（塗）庫（褲）。後來，聽說是我大哥林永順監工造成鋪紅磚的路。當時的路是建造在沒有汽車的時代，很狹，不寬闊，兩邊有水溝。落大雨時，整條街道變成流水道，但雨停馬上回復原來樣子。因為街道很狹，只有一張牛車或小汽車能通行，如有人嫁娶時相遇就不能通行，只有用抽籤決定誰先行。當提議要拓寬街道時，大概贊成的不到半數。那時，有約一丈深的寬闊亭仔腳（騎廊），在那裡通行無阻，孩子們可在那裡玩遊戲。後來，有波蜜拉颱風來，不少舊的亭仔腳倒落了後，各人要自己去修理。那時，我四哥鎮長林庭訓向省政府申請波蜜拉颱風修復補助金及拓寬街道，各家要亭仔腳地退後一丈多，中間有三丈餘可做道路。各家都可以將亭仔腳部分建成二樓，並可以向政府貸款10年償還的有利條件。這樣，街容變做寬闊的道路，可開商店，較現代化了。

某營長太太24萬舊台幣的旗袍布料

頭一次國軍來台，我沒有看見他們的隊伍。但是，我終於在溪口實在看到他們，是從大陳退來的戰敗兵。真正聽人講的一樣，是腳穿草鞋、背紙雨傘，各人背一小袋米，差不多2、3碗，及鋁鍋。有的手牽著驢仔，大概要去住國民學校。這樣的兵怎樣去戰爭？真使人懷疑。

在我的故鄉土庫，有兵團、團長去住媽祖廟的廟廂。他有（包括）老父、太太、兩個兒子的大家族。後來，他老父死去，廟方不能將那屍體自廟門抬出去，終於，自厝頂抬出去。有營長看中我哥哥的厝，他們看到哥哥孩子們的讀冊房，就佔去住。還有一個連長住（出家人的）菜堂。一個住我甥子的厝，他們看中意，只要有空房，他們都可以隨便住，其他的兵仔住在學校。住了一個時期，他們才搬走。

當時（註：指母親帶我回娘家後），我正和我朋友（註：母親的第三高女學妹陳碧禎阿姨）一起給人家做裁縫（維持家計），那個營長太太拿一塊布料要做旗袍，是我朋友給她量身的寸尺。做好了，她穿了不合意，就說那個布料是（值）24萬舊台幣，來店裡吵，要24萬還給她，真是秀才遇到兵，有話講不清。我朋友害怕，要我出面。後來，真的將24萬給她了事。還好，我大哥（林永順）的孫女要結婚，我甥子將那旗袍以24萬買下，做結婚那天穿的。我和我朋友算無工資做旗袍，後來不再給他們做就是了。

郭勝華：

　　小時候的我，不知道發生什麼事，至今記憶猶新的是新娘子十分合身的旗袍很是美麗，叫人眼光一亮。後來知道那塊 24 萬舊台幣布料的故事，無限感慨，母親寫回憶錄時，我特別提醒她把這段故事寫下來。

盧纘祥夫人：「郭章垣院長是替我先生死的。」

　　在我女兒勝華 5 歲時，阮母校三高女在台南要開同學會總會，阮在土庫兮（的）同學駱麗珠、陳碧蓮、陳碧禎與我 4 人（林瑞雲不去）去參加。當時，孩子未入學的都帶孩子去，一大群的人都去住在王麗月先輩的厝。她先生已過身，孩子已結婚，沒有住在一起。阮一大群不客氣的，自然自在住在那裡，因大家都是一起住過學寮生活的，所以都不客氣，她也很慷慨接待阮，於是大家攏去參加同學會。

　　來參加的不都是同期，所以互相不認識。開始，先自我介紹，起先，有一個在我對面的說她來自宜蘭，先生就是縣長盧纘祥，最近已過身。輪到我，她聽我講，我先生是宜蘭醫院院長，死於二二八時，她對我說，你先生是替我先生死的，他（郭章垣院長）是一個正直人。起初，我以為她也是校友，後來才知道她不是校友，是她朋友因縣長過身不久，招待她到台

台北第三高女同學會,歡迎手藝科老師吳楊禾治(二二八犧牲者吳鴻麒遺孀,中排中立者)蒞臨斗六。(郭勝華在前排左起第一位置,母親郭林汾在左後方)

南散散心,參加阮的同學會。

這證明爲什麼朱正宗(市長)一派的人硬要有院長職務的人去當處理委員會委員,這明明是公報私仇。

台灣人本來是純樸的人。自從大陸中國人來了後,利用台灣人鬥台灣人,造成黨派與台灣人貪心錢財、地位的風氣。

國民黨來台灣,實施平均地權,將台灣人的財產變做他們的財產。大陸歸來的半山,更是造成台灣人害台灣人的風氣。盧纘祥做無5年的縣長死了(有一說法,盧縣長因所知內情太多,被下毒而亡),最近聽說他太太也死了。他們兒子得到採礦特權,也聽說被起訴,一定不得好尾。

朱正宗宜蘭市長無做，後來得他主子連震東的致蔭，做專賣局長、台灣土地開發公司的總裁，現在（2005年）還活著，真好狗命。

蔣介石（父子）對二二八禁止40年久，人民不得講起二二八的事。當時，真多學生被害，他們都未成家，40年後，父母有可能還活著的嗎？活著，嘛不知他們（被害子女）的去向，無處可訴，以致無人替他們申冤。二二八受害人數無人知道，很多人都不知道他們父親、兄弟的死因，何時何處被害。

不過，在聖經內面，羅馬書12章19節，主說：「申冤在我，我必報應。」相信他們的終尾，上帝必替咱報應。

郭勝華：

當我自己重讀上述母親的回憶時，發覺類似「陸桂祥—朱正宗—盧纘祥」樣本的「二二八處理委員會」主要成員，被設計所謂「地方菁英領導謀亂造反」、「外省市長等被地方台籍人士保護於家中直到地方平靜」的報告重複出現於全台各地。例如嘉義地方也是如出一轍。

這裡，陸桂祥是軍方，朱正宗向他呈報捏造的地方混亂，郭章垣院長是宜蘭地方謀亂者的「司令」，而保護外省市長朱正宗的宜蘭人盧纘祥後來做了縣長，得到採礦特權……

這就是中國模式的「欲加之罪，何患無辭」的陷害公式。然而，身為台灣人的盧纘祥在5年不到就被收拾了！

台灣人啊，你懂嗎？

　宜蘭頭城二二八
　　遺孀郭林汾的三國人生

第四章

我的三國誌（中）

＊郭林汾主述，文中楷體字為郭勝華註解與補充說明

孟母三遷，郭母四遷

　　我女兒就學土庫國民學校，6年中間都是模範生。我也無對她說起她父親的代誌，我只說她爸爸死於二二八，她也不知道二二八是什麼。她初中讀虎尾女中，從小學到初中畢業，都是班長，成績都很優秀。她參加很多次演講，都是背指定的演講稿，但她都贏不過外省的，總是第二名。在虎尾女中，有一次沒有演講稿，要5分鐘前抽題目，自己臨時準備。她抽到「最偉大的人物」，她說的是蔣總統，只有那一次得到冠軍。（註：國民黨的洗腦，母親任其自然，反是保護了我。例如另一個二二八犧牲者李瑞峰之子李榮達，幼年即因族人太早告知二二八真相，他本來是建中就學，因而專找外省學生打架，被開除後更踏足黑社會。散盡家財後，曾淪為貨車捆工，一天只靠一個饅頭度日。後來其母親有機會到美國做縫衣工作而轉居休士頓，與一越南裔女子結婚，嚐盡辛酸。現已逝。）高中時，考上嘉義女中，她被選做體育股長，級任導師是教她們國文的，他說，如果要他選，他要選郭勝華做班長（註：這位級

任導師劉偉民原是國民黨湖南長沙黨部主委，人非常正直，隨蔣介石到台灣，沒有爭高官，安於做一個教書匠，是我十分敬愛的老師。他也因我考上高雄醫學院醫科，以我為榮，常在學妹面前提起我。）

在高中，劉偉民先生只一次提起要她加入國民黨，我女兒說要問母親，我對她說不可加入國民黨，所以她沒有加入。

她要考大學時，我要她讀醫科，但我說如能考上台大才成，因私立學費高，而她的學費從哪裡來都還不知道。我只是想，將來她無兄、無弟，姊妹都沒有，凡事要靠自己。所以我希望她有一技之長，可以靠自己。

起初（註：母親的回憶轉回剛自溪口回到娘家土庫時），自己的厝還沒有收回的期間，和朋友（註：陳碧禎阿姨的先生也過世，也回娘家土庫）一起做了一個期間，自己有厝就在自己的厝給人家電頭髮。有時，在晚間客人來，勝華愛睏，叫她自己先去樓上睏，她靠在樓梯睡覺，覺得實在也可憐。有時無人來（電頭髮），有時十幾人一起來，那是糖廠的女工放假一起來的，我就要一直站著，做得手硬硬的。後來就收起來不做了，將樓下租給人做裁縫，也有人來實習做裁縫。有時，樓上也分租給學校老師住。

因勝華考上嘉義女中，我要隨她自己去住在哪裡，就把房子租給在土庫高商的劉老師。他人很好，我未回來收房租，他用現金袋寄來給我，他真好。

勝華讀3年高中，我們搬了4間厝。

郭勝華：
虎尾女中與蔣家二三事

卜（鳥）卦的盲眼女人說：「不要讓你的女兒往北上，應該讓她往南下！不然呢？卵破巢空！」

讀初中（虎尾）時，有一天，來了一位拄著竹拐杖的盲眼卜（鳥）卦中年算命女人，給母親丟了上面那麼一句話。那時是1960年代早期，白色恐怖應是顛峰時期吧？

那時的省立虎尾女中校長是曹金英，我後來才知道她是蔣經國在贛南時的太子黨成員之一，而且曾是章亞若手帕之交，閨房密友。

曹校長高大威嚴，所有的教職人員都很怕她。也許是她與太子之間有直接管道，曹校長在我初中三年中，興建了三棟大樓、花園、水池等，把學校建得美侖美奐。我在她興建大游泳池未完工時，南下就讀省立嘉義女中，校長是談太儁。聽說原來的女校長剛調到北一女。

本來曹校長有一慣例，初中成績優秀可以免試直升高中的學生，學校會扣留她們的畢業證書，不讓她們跳槽到其他升大學成績較勝一籌的學校。當然，最熱門的是北一女，然而，那是母親不考慮在內的。我畢業初三那年，不知怎的，學校破例沒有扣留我的畢業證書。因此，我順利進入嘉義女中就讀。

記得我上高一不久，虎尾女中傳來曹校長傍晚獨自到她新建的游泳池游泳，溺斃其中。後來也聽人說，剛從淡江英文系畢業

郭勝華從 4 歲跟母親回娘家後，一直到高雄醫學院畢業、出國以前，都居住於土庫的家，母女住了 20 多年。照片中是二樓最前方的書房，也是客廳，書架是以裝牛奶粉的木箱堆成。這也是郭勝華在土庫家留下的最後一張照片。

宜蘭頭城二二八
遺孀郭林汾的三國人生

的章孝嚴在我離校後，曾在虎尾女中教了半年的英文。我後來每每疑惑，曹校長之意外溺斃游泳池，是否與章亞若有關？聽說，蔣經國一直由王昇暗中照料章亞若的一雙雙胞胎與他們的外婆。

　　我讀嘉義女中的 3 年，母親把舅舅無料給我們住的、由外祖父興建的二層樓房樓下出租給別人做裁縫（樓上租給劉老師），特地跟隨我搬到嘉義賃屋陪我讀完 3 年高中。先是住垂楊國小表姊家。嘉義大地震後，搬到母親第三高女同學出租給人做雜貨店的騎樓上。又因樓下小孩太吵，再搬到嘉義女中後門附近的人家樓上，那裡十分安靜，很適合出租給學生。不料第二年，突然有大房來找原來是為人小三的女房東。大鬧之後，我們被告知房子要賣了，我們必須搬家。母親找到只隔一小巷的另一家雜貨店的違章建築二樓。那建在有斜度的鐵皮屋頂上的房間兼廚房倒還可以，只是自來水水壓不足，母親必須等到深夜，別人少用水時，讓水缸收集滴滴答答的自來水，裝滿了，供我們母女倆第二天享用。一直到半年後，我完成 3 年高中學業。終於，我考上了高雄醫學院。

　　因此，我常對母親說：「孟母三遷，郭母四遷！」

令人聞之生怕牽連的二二八父親

　　3 年中間搬 4 處大概是破紀錄的吧？但是後來我想到（發現）我搬到哪裡，溪口的人都知道。有一次，當我租在我同學（註：郭招茂阿姨）那裡，我乾家（婆婆）來找我說，可不可

以對陳拱北教授交涉，給（讓）他二弟（二叔）的第二兒子能（自中山牙專）轉到台大或者日本慶應大學讀醫科？我說，陳教授自己的二兒子考上台大的牙科，也照規紀在讀牙科的，沒有那麼簡單能轉的。

還有，搬到嘉義女中後面時，他們阿公帶他二弟的大兒子要出國，他們才來對我說，要賣那外科儀器換來的土地好嗎？我說你們要賣就賣好了，那根本沒有我名字，來問我做什麼？他們重男輕女，要我把女兒給人家，又來找我做什麼？

因為給勝華讀高中，他們就知道我要給她讀大學，以為我有錢，怎麼不給那男的去讀？我的能力實在也只有給她讀高中而已。如果她真的考上醫科，我打算把那三七五減租的水田賣掉也要給她讀。

後來決定給她讀高醫時，我準備第一學期的學費3800元新台幣，自己和她去參加入學典禮，同時學校要我找兩個住在高雄市的保證人。

郭勝華：
半路認親，等一顆印章

每個人總有一些終生難忘的事情。

當年要讀高雄醫學院，學校要求每個新生必須有兩名保證人，他們必須是住在高雄的人。

我們母女馬上找到第一個人，他是高醫內科的陳章義教授，

陳家與母親娘家是鎮上各方面都相當的兩大家族，陳教授的大姊是母親台北第三高女的同班同學。

陳教授的大哥在我們原打算放棄入學之際，極力鼓勵母親，無論如何，先措足第一期註冊費讓我入學，再做打算。

我們到了高雄，找到陳教授家。陳夫人很親切，一口答應，拿出印章要蓋下之前，照會在學校的陳教授，卻發現高醫教職人員不被允許當保證人。陳夫人於是知會自己父親同意，用她父親印章，二話不說，在保證人欄蓋下了印章。

茫茫的高雄，我們不知何處去找第二個保證人。就在乘公共汽車在路上奔走時，母親注意到某神經外科醫師的招牌，醫師的名字是父親慶應大學的校友。母親抓住我的手下車，在附近買了一盒蛋糕，我們走路回到那位醫師的診所，向裡面的護理人員說明來意，那時大約早上10點左右。

我們被安置在沒有他人的小會客室中。時間一分一秒的過去，12點過去了，似乎沒有人注意到我們的存在。我們一直等著，也許主人希望我們知難而退。那時，母親似乎也鐵下了心腸，默默不語，誓必得到蓋章，否則不走！鄉下進城的我，當時不了解是怎麼一回事，又餓又不知所措。到了約下午2點半許，我忍不住哭了。終於，再幾十分鐘後，醫師夫人出現了，為我蓋下了第二顆章。

7年後，我們照樣提了一盒蛋糕去登門道謝，我們依然沒見到那位父親在慶應大學的學弟。

你可以沒有父親，但是，你不能有一個令人聞之生怕牽連的

二二八父親，那是我後來才知道的。（那時的台灣仍籠罩在白色恐怖陰影之中）

中華民國「萬萬稅」

那時的高醫並無學生宿舍，只好找人家厝，那些近在學校有房間的人都租給高醫的學生。

自她考上高醫到開學，有四個月時間（暑假），我就教她做衣服。自製圖、裁剪、縫製，她自己的衣服都會做了，所以在學（7年）時的衣服都是她自己做的。

我的佃人（農）都很好，當稻米收成後，晒的乾度能通過給我去交（繳）田賦，也會把餘額（地主每1000斤只得375斤，地主繳田賦外，要與佃農對分肥料費與水租）替我送來，寄在精米工廠，等我看米價好時，才去決（結）錢。當時，二甲水田三七五減租，我可得（大約）3000斤稻穀。但是，要納水租及田賦，剩下是1000斤左右。同時，有戶稅、教育捐、房捐稅、所得稅等，實在萬萬稅。我的鄰長說我是「多額納稅人」。

警察派出所要買消防車，里長來募款，聞我說有二甲三七五水田，他不敢叫我出錢，因他自己都有三七五田地，多少收入，他都很清楚。

助（獎）學金和「顯微鏡」的故事

後來，她父親的（在台）校友會知道勝華考上高醫，就集起祝她入學的金錢約有近一萬，特別說要給她預備買顯微鏡。這是慶應大學各系所集成的校友會，而慶應大學的校友會因文科、經濟科、法科等都在三田，而醫科是在四谷，所以叫做「三、四會」。我們後來在顯微鏡的把柄上漆上「三、四會贈」字樣來紀念。

台灣的「三、四會」還有一學期 2400 元助學金直到她畢業為止。陳拱北先生是勝華父親的同班同學，他當時是台大公共衛生研究所主任（所長）。當時，慶應大學在台的同學會有一筆錢寄在彰化銀行，是台灣「三、四會」集錢慶祝母校建校一百年的餘款，放在彰化銀行生利息，本來利息要用做台灣「三、四會」校友聚會的錢。那筆利息錢由陳教授的奔走，得到大家的同意，而決定拿出來給勝華做助學金的，真是謝天謝地。我可以不慮，安心給她學業。

後來，她叔公（台灣尼斯可製藥廠創始人）也每學期寄來 2000 元助學金給她。後來，註冊費提高，她叔公的助學金隨而提高，每學期開學前準時寄來給勝華，這些幫助都是我們預先意想不到的。

勝華開始去就讀高醫。起初，她祖父母也很高興。頭二年，祖父要她每學期到高雄上學前先到溪口，由她阿公即時拿出 150 元，然後向她三叔要 300 元，其他七個叔叔（子女尚

小），有的 100，有的 50，加起來大概是 1500 元左右，給勝華相添去註冊。

三年級開始，醫學課程有用到顯微鏡考試，因為是私立大學，每個學生都必須自備顯微鏡。她七叔那時在台北做鐘錶行生意，我們把「慶應台灣三、四會」替我們預先指定買顯微鏡的錢（註：Olympus，一萬多，七叔自稱跟儀器行很熟）提早半年匯款給他，他答應農曆過年回溪口時會帶回來，讓勝華趕上寒假後的考試。但我們正月初二回去，他竟沒有買回來，也不見其人（註：原來七叔把錢挪用了，沒錢買我的顯微鏡）。勝華急著，眼淚都流出來！（沒備有顯微鏡參加考試是會落第的）

開業醫生也超過 15 年的她三叔，他無說自己小弟不信守，反而對勝華大聲大罵：「你爸爸讀醫學院都沒有買顯微鏡，我讀醫學院都沒有買顯微鏡，你買什麼顯微鏡？」我們不是要他們的錢來買顯微鏡，是她父親的同學知道要自己預備，才特別交代我們說，那些錢是要買顯微鏡的。別人都替咱設想，她自己的阿叔大聲罵得那正月二日中飯不吃就回來。

我想，我們如果不是回去土庫自己住，勝華免想要讀醫科的了。後來，是她五叔因出租幫浦給農人灌溉水田有賺錢，他拿錢出來幫忙買了顯微鏡，讓勝華趕上考試。

當年，她三叔在台灣考不上高中，如果勝華的父親沒有苦苦哀求他們父親把異母的三弟帶去東京，親自替他補習，又逼他入臨時醫專，免去做兵，他能做醫生嗎？以後，勝華都不回去溪口向他阿公叔叔們拿錢，只領外人的誠意就好了。（註：

其後，本來祖父母預定要繼承大房的二表哥也到了美國，沒結婚前，曾兩次寄美金100元給母親，也是很大的幫助。）

勝華順利畢業，準備赴美

她入學後，有一次，學校公佈將有1000元獎學金給三民主義考試第一名的學生。勝華考了最高分，但獎學金卻發給第二名。我們後來才知道原因是勝華沒有加入國民黨，我們已有兩條固定的助學金，對此也不感覺可惜。

她在7年中間搬了幾次宿舍，我有去看她幾次。終於要畢業了，我也去參加她們的畢業典禮。我打算畢業典禮了後，收拾行李就要回來，那知，畢業典禮那天走出一個他們從美國回來的高雄醫學院校友，是幾天前剛由與勝華同一厝主，比勝華小一年級的同學（他的表弟）介紹認識的。他們經厝主挽留院再住幾天，男方的父親以前也因為經由他們表親，託勝華借過學姊照片寄去美國給他兒子，曾見過勝華。他們臨時找了厝主當媒人提親。男方比勝華早六屆，在美國已通過婦產科專科醫師考試，剛開始與人一起開業，也已經拿有美國籍。因勝華想大概不錯，就有意答應。但是，她畢業前已參加台北仁愛醫院內科的醫師考試，以第一名成績通過。陳拱北先生也以限時信，高興的通知她能以高分的成績被錄用。他用掛號快信來通知我，如果她要去美國，我如何交代？如何說辭呢？

和病院是要簽約3年期間，她畢業已26、7歲，3年後就要

1973 年，郭勝華與母親攝於高雄醫學院畢業典禮後。

30 歲了。我也尊重她本人的意思，終於答應了。陳教授亦了解勝華將不去仁愛了。

不知姻緣是否天註定？實在很單純，都不去打聽他們，也沒有給我時間考慮，實在太草率了。媒人說要掛手指，這時，我對他們說勝華爸爸是死於二二八事件，他去宜蘭服務才十個月，還沒有錢，我只有教育她在她身上，言明我們是沒有錢給她的，勝華也因此要求公證結婚，並表示將來希望接我住在一起。男方父親說，只要買了房子，應該沒有問題。由於男方必須回美，兩方在公證結婚後，都只宴請幾桌親戚，勝華就與我回到土庫，準備出國事宜。

勝華 6 月（1973 年）畢業，10 月就辦好到美國的手續，這期間，我們忙著準備她要帶去的衣服等。我也帶她到嘉義去做衣服，如大衣、套裝三套等，還有金飾項鍊、手錶、手（戒）指等。我也替她準備了一些廚房用具等等。

她是 1973 年 10 月到美國，1974 年 7 月就要分娩了，所以要我去美國幫她帶孩子，因她婆婆言明她不給他們帶孩子（註：她已幫外子的大姊照顧過三個孩子了）。如果我也不給她幫忙，在美國，她就未能拿到醫師的資格了，那我給她讀醫科就白費了。於是，我就去台北辦出國護照。台灣這邊的護照真緊就出來，又給我 2 年的簽證。美國大使館申請簽證時，他們不給我探親，因為知道勝華是我唯一的子女，戶口謄本有註明我的配偶已歿。但他們要求必須有配偶的死亡證明，是要有醫生證明的死亡證明才可。當時收屍的情形都不可能有第三者去幫

忙，哪有可能拿到醫生的死亡證明？我小叔建議我去法院公告失蹤 10 年以上視同死亡的法院文件，美國也不採用。後來，我想起蔡陽昆醫師。他同是宜蘭大病院的外科醫師，我先生三更半夜被抓去時，他就在旁邊。我就到彰化蔡醫師的厝去找他，他不在，正去台北開會。蔡太太說今夜很晚會回來，於是，我就準備在他們家過夜。到晚上 11 時，他才從台北回來。他聽我的來意，馬上用英文寫當時的事情，證明郭章垣院長確實死亡。隔日早起，他太太馬上拿去請人英文打字，給我拿回家。我真緊去美國大使館辦手續後，我回家等待消息。終於，美國發給我永久居留權的簽證。

在這期間，我必須處理那二甲三七五的水田。於是，和三個佃農相談，他們說那水田是七則的地籍，不能變更的水田，要種稻，稅金很重，必須是用稻穀繳交田賦。如果要賣出，佃農有一半的權利，也有優先購買權。三個佃農同意以十萬台幣的價錢買下，由代書去辦手續。結餘後，我拿到的錢只十萬台幣，實在真便宜，美金才 3000 元。這都是當時國民黨的政策，台灣人所有的土地都被三七五政策及平均地權政策拿走了，每戶保留三甲以外，再多的都放領，以致這些土地都變做大陸來的高官佔去了，他們的妻兒都是自耕農，都有土地，這就是大陸人來光復台灣了。

當時，樓下店面是租給沈先生開照相館。他對我說，如果我要移民美國，他願意先納 3 年的房租給我。雖然我母親及兄哥都說（房子）我要住多久，我都可住多久，那房子是登記我

弟弟名義，但我都一直納房捐稅，稅單都送到我這裡來，所以我都納房捐稅到我出國爲止。

　　我兄哥連任三屆鎮長，後來終因癌症過世。在我出國前，我母親以 91 高齡過世。那個樓房自勝華上幼稚園，到國民學校，到初中，都住在那裡。讀嘉義女中，我陪她到嘉義三年。高中畢業，她考中高雄醫學院後，她去住高雄，我一個人住在土庫，到她畢業出國。

　　現在又辦移民到美國，長期要住在美國，我就想把房子還給甥子們，勝華來信也贊成這樣決定。

1975 年 6 月 15 日，眾多親戚來到松山機場爲郭林汾送行。

郭勝華：
得來不易的醫學教育

　　祖父自己是代書，弟弟學醫，但不喜開業，後來倒開了藥廠，事業很成功，我後來讀高雄醫學院7年的學雜費，有三分之一來自他的幫助。祖父常掛在嘴上的一句話是：「一書，二醫，三宰豬。」言下之意，代書比學醫高一階？

　　不過，祖父因替人做保證人而負債累累，把長子送到日本讀慶應義塾大學醫科時，正是他經濟最困難的時候。祖父有三房太太，光兒子就生了10個，先父上面有一兄長於兩歲時夭折。祖父常責成先父，希望他學成為他負擔家計。父親則經苦苦哀求，才能讓祖父答應把異母的三弟帶到東京，由他督導唸高中。父親意在培養各房長子，期待各房都能自己立足。

　　三叔在1945年日本開始對台灣人徵兵之際，被父親強硬逼他進入戰爭中新成立的順天堂醫專（三叔曾矢言非東京帝大不入），才免上前線，後來也在回到台灣後，插班而畢業於今日台大醫學院。

　　祖父生前最大的願望是郭家三代出有醫生。與先父同母的二叔，因留在祖父身邊做代書助理，到我出生那年，他已是第三個兒子來報到了。祖父的眾多兒子，後來也陸續替他添了好幾個男孫。十分重男輕女的祖父，自然希望這些男孫中，出現他所期盼的第三代醫者，他是從沒有把我這個跟母親回娘家的女孩子，他的長子的遺腹女算計在內的。

父親死了，二叔把自己的兒子登記為繼承人。長輩只是口頭上說二叔的次子要過繼給先父這房。我記得，二堂哥考上的是中山牙科。祖母跑來要母親去找台大公共衛生研究所所長陳拱北教授，希望陳教授幫忙把堂哥轉進慶應讀醫科。母親的回答是：這如果可能，陳教授早把自己考上台大牙科的次子送去日本讀慶應醫科了吧？還有，縱使可能，這學費要從哪裡來？祖母大概是打舅舅給我們母女做生計的兩甲三七五減租田地的算盤。這些土地，後來確實也被母親便宜賣給佃農，添做我唸私立醫學院的費用了。慶應大學台灣校友會則經陳拱北教授幫忙，提供另外三分之一的學雜費。

　　祖父的重男輕女讓我十分反感，我下定決心，考個醫學院做為對祖父重男輕女的「報復」。母親對我說：「你如果考上公費的台大醫學院，就讓你讀，私立的，7年的學雜費，我們讀不起。」當年的我，賭氣地把前三家醫學院都填上去，考上的是原本打算放棄的高雄醫學院醫科——父親與我的醫學教育都是得來不易。

宜蘭頭城二二八
　　遺孀郭林汾的三國人生

第五章

我的三國誌（下）

＊郭林汾主述，文中楷體字為郭勝華註解與補充說明

展開美國生活

我在 1975 年 6 月 15 日出境，在 Alaska 入境時，就同時給我永久居留證（綠卡），再飛到芝加哥。勝華來接我到他們家，看到我孫女已經 11 個月大，快會走路了。我辦移民手續足足一年多才辦好，也來不及給勝華做月內。我只帶給孫女的嬰兒服及做四月日、週歲等衣服，也有金帽花、（小兒）

郭林汾初到美國與長孫女合影。

長孫兒的來臨，郭林汾的笑容更燦爛了。

手指、手鍊仔、項鍊等來做禮物。

　　他們這個房子有三間房，庭院很廣，有老梨仔樹很大，結了很多梨子，落在地上，也採去送給朋友。這樹以外，還有三棵蘋果樹，也會結蘋果，但不好吃，酸酸的。

　　我來美兩個禮拜後，勝華將孩子、家事一切交給我，她 7 月開始去病院做實習醫師了，每三天要在醫院值班，隔天下午才回家，很是忙碌。

　　那時，我常和孫女看電視 11 台給小孩的節目。這女孩記性很好，我和他們一起乘車外出，看到看板的文字，她都把字母說出來，她 26 個月時就會辦認那 26 個英文字母，我對孩子記憶

力的好,感覺很驚奇。勝華教我簡單幾句接電話的英語,應付他們不在家時的電話。

當時,在那附近,有其他三位高雄醫學院同學,賴鴻鳴、林政宏、黃智雄等。不久,賴鴻鳴醫師的太太很熱心來帶我去參加查經班,也帶我去教會。

教會受洗

這是我第二次踏入教會的門,第一次是我帶勝華去彰化蔡陽昆醫師家參觀他們新落成的醫院與住家時,第二天他們也帶我們去教會做禮拜。我的母親是篤信媽祖的,來美國後,沒有媽祖可拜,我認識上帝是唯一最高的神。

兩年後,我在林慕忠牧師的教會受洗了,那是 1977 年的復活節。在那教會也有張建昌醫師、林毅夫醫師等。在那裡的牧師林慕忠是福建人,會台語。會友除了來自台灣的以外,有廣東人、新加坡人、菲律賓人等,所以講道用北京話,即國語。因此,我來美國,在那裡學國語,因聖經及講道都用國語了。未洗禮之前,我就自己買聖經來讀。在那裡有長輩的團契,叫迦勒團契,會輪流在團員的家集會,我也有參加。他們有的是國民黨和共產黨在爭奪政權時就來美國的知識階級,也有教授來美國開餐館的,他們沒有像來台灣的外省人那種優越感,看不起台灣人。她們互相稱呼太太、伯母。她們比我年長的,也都叫我郭伯母。當我受洗禮後,我請迦勒團契的人及牧師來家

中，我們有很快樂的聚會。

後來，我女兒他們搬厝到 Kankakee 後，賴太太不能再帶我去教會。那時，勝華他們夫妻也會帶 3 歲的孫女和我開很遠的車，帶我去教會，也一起聽牧師的講道，教會他們也會來探訪我。但是，勝華他們夫婦工作很忙，也就比較少去林慕忠的教會了。後來，陳忠潔牧師在 Palos Park 開辦台灣人的台語教會，有十幾戶來參加，又是近一點，我們也就轉到陳忠潔牧師的教會了。那時，台灣的高俊明牧師因美麗島事件入獄，我們也集了慰問金寄回台灣。不久，那個小教會不能夠維持下去而解散了。後來，我在台灣同鄉會認識了虎尾鎮的張登顯張老師等等同鄉，他們是來自更北郊的教友。

怡然自得

勝華他們在 Palos Heights 的第一個家不大，但是有很多台灣人住在相離不遠的地方，大家常來相探，也方便參加同鄉會、教會的活動，或者是家庭聚會。勝華比較忙，但是，其他太太們會來找我，也會帶我出去買東西，我不會覺得寂寞。

他們在 Kankakee 的第一個家樓上有三個睡房，樓下有一房，走出去後院有游泳池，沒有其他空地。勝華他們就把隔壁相連的空地也買下，本來準備也蓋一間厝給親家們住，但是，他們為了我女婿大姊的兩個孩子學校在 Hinsdale，沒有在 Kankakee 住下來。房子正對面有台灣來的，在藥廠工作的何良

夫婦。附近還有洪伯宗醫師夫婦，黃金槍也在藥廠工作，他太太在洪醫師那裡工作。遠一點，還有林雲山在州立醫院工作，沒有其他台灣人了。

　　兩年後，勝華又有孕了。我覺得孫女和大孫長大不小了，後院有游泳池不安全，於是搬到一個二層樓，有大後院、四睡房的房子。勝華為我弄一個菜園，所以我就植了不少的台灣菜，有小白菜、應菜、幸菜、胡瓜、韭菜、番茄等。起初種的芥菜，沒有長大就開花結子，後來才知道那芥菜是冬天的菜，我就 8 月以後才開始撒種，經過秋天，到冬天可長得真大，到 11 月降雪時都會青青的，不怕冷，真是聖經所講，凡事都有定時。種的菜，自己吃不完，有時就分給同鄉們。菜園很大，我也種了不少各樣的花。勝華他們也買了桃子樹、櫻桃樹、楓樹來種。不同季節會開不同的花，也結不同的菓仔。

　　當孫子們上幼稚園、上學校時，我就有時間看書。那時所看的書有吳濁流的《亞細亞的孤兒》和《無花果》、張良澤的《辛酸四十五年》、彭明敏的《自由的滋味》、柯喬治的《被出賣的台灣》、東方白的《浪淘沙》、鄭翼宗的《歷劫歸來話牛生》、施明德的《囚室之春》等。還有日文書《生為清朝王女》（愛新覺羅顯琦著）、《上海長夜》二冊。後面這三本就是寫中國共產黨毛澤東時的故事，給咱開眼界，以前在台灣是不能看的。

　　我也學習了不少中文。我在台灣都是看日文的婦女雜誌，當時我也看日文的讀者文摘。我女兒上初中時，我改讀中文版

郭林汾為三個孫兒女忙得不可開交。

的。後來她去高雄讀高醫時，我開始用中文與她通信。來美國
後，讀聖經也給我對中文的幫助眞濟。

入住Heiwa Terrace

　　有一次，在同鄉會見到張登顯長老在吃飯，我就去自我介
紹，因在台灣，他住虎尾，我住土庫，很近。他曾是虎尾中學
及虎尾女中的老師，他曾來過我哥哥（土庫鎮長）的厝。我自
我介紹說：「張老師，我是林庭訓的小妹。」他就對我說他現
在住在平和公寓（Heiwa Terrace），是給退休的老人住的，是

日本人所新建設的，很好，可以去看看。

那時，我三個孫子是 5 歲、8 歲、11 歲，算算，我住女兒、女婿那裡已滿 10 年了。張長老那麼高齡（後來活到 103 歲）都可獨自生活，我怎不可？於是，我就準備去申請。

我真感謝上帝給我那三個孫子，都平安出生，也都真健康，三個都真聰明。老大女的高中 SAT 都拿過（全郡）最高分，後來大學讀哈佛與密西根州立醫學院。老二很恬靜，小小的就喜歡分解沒有生命但是會動的東西。有一次，看無伊，就是在地下室將一個鬧鐘分解到散散的。他才 8、9 歲就會叫他弟弟背了紅巾，在長沙發椅上跳來跳去，扮蜘蛛人，錄成影帶，自電視放出來給我看，現代孩子真厲害。老三比較外向，很喜歡交朋友。他才 5 歲，要入幼稚園（三個孫子都有讀 Montessori Nursery），教務主任及校長給他的口試，都說他可以讀一年級，所以 5 歲就去讀一年級了。兩個兄弟後來都讀電腦工程師。

我想我已經給他們幫忙有滿 10 年了，我也可以有自己的時間來適應美國的生活了。我開始申請 Heiwa Terrace，等差不多一年多都沒有消息。後來，有人叫我寫信給日本人定住者會專務理事南部先生，他是日本人教會的牧師。他很驚奇我會寫日文，經過一禮拜外，我就接到 Heiwa Terrace 經理的電話，要我去面會。在當年 5 月初面會時簽約，6 月 15 已開始可搬進去。

（註：二次世界大戰中，曾有日裔美國人被關進集中營，這些人因被關入集中營而失學。後來美國政府正式道歉、賠償。

郭林汾於平和老人公寓櫻花樹下留影。

Heiwa Terrace 即是美國政府以低利息貸款給這些曾被關進集中營的退休日裔美國人所居住的公寓。當時，約 200 戶的公寓住有 80% 的日本人，40 多戶的韓國人，台灣人約 11、2 戶，他們在公寓內以日文及英文為主要語言。）

中國行

　　辦平和公寓手續完備了後，這時有台灣人團體要去中國參觀旅遊。那時（1985 年），中國還沒有正式開放，他們本來要來美國吸收（統戰）一些台灣人的技術人員，但技術人員有職

郭林汾於 1985 年年底自中國旅遊回來後，住進芝加哥日本人經營的平和老
人公寓。

務的都未能去，都是太太和兩個退休的醫生。我來美國已拿到美國護照。咱是在台灣出生的，但護照都是寫中國人，連中國都沒看過，哪是中國人？

我因要去看中國，我也以退休的醫務人員身分去參加。其實，我都沒有做過醫務人員，結果也通過了。那時是鄧小平的時代，阮自己只出飛機錢，住宿、食、交通都是他們的招待。

在上海入關，住到上海賓館，內面都有友誼商店，可以買到中國的藝術品、玉器、圖畫、地氈、絲織品，是免稅，大家都感到很便宜。在這裡的商品要換特別的錢（外匯券）才能買，一般人民都未凍買的。我也買了地氈，先以海運寄回芝加哥。也有絲織品，有法國婦女在買。當我們去廁所時，就聽到法國婦女的尖叫聲，原來廁所都是沒有門的，有人來，都是看現現的，那廁所在商場的一角，人來人往都會看見。上海是中國最現代化的都市，都是如此，只在旅社內面才有抽水馬桶，紙也要自備。

講到廁所，有一次，火車站的是這樣子，只分男女各一棟，入去，一條路在中央，兩邊有溝仔（供方便用），到半腰有隔界，沒有門，在方便時，人們都可看到，所以，對我們來講，實在不習慣。

在旅社內面，各房間有放一個溫水罐，倒出來的，像咖啡水濁濁的，實在衛生太差了。這是 1985 年的情形，希望現在有進步。

接著，就是去南京。在南京，參觀了南京天文台、中山

1985 年前往中國旅遊。

陵、明太祖陵，規模都不小。再去北京，看了皇帝殿、去登萬里長城。皇帝殿（紫禁城）經過毛澤東的手，被破壞，也無什麼可看（未開放？）。那時的導遊講，他過去就是紅衛兵。

　　阮到各處時，都是被以貴賓招待，在北京吃北京鴨全席，連鴨腸仔都有。每頓都有共產黨幹部參加，那時，要與美國建交預定去芝加哥的總領事也來。有的做兵（台灣人？），留在那邊的；有在日本結婚後去的（台灣人？），也是他們共產黨幹部的人，也隨行。

　　遊北京了後，就是西安。在西安，就是看聞名的兵馬俑。有牽馬的、帶刀矢的，比等身的人較大，個個的表情都不同，

都是排一列一列的，很壯觀。也有八樓深的地下燈火不滅的墓。那時，皇帝死，嬪妃都要陪葬。

　　西安再去就是成都，在那裡有出名的熊貓，是他們的國寶，有專人在看顧，很受保護。自成都乘船，這個輪船是英國製造的。遊長江，經過重慶到宜賓，是有名的陶瓷出產地。在那裡，他們給我們大家一人一個小茶壺（紫沙壺）。自宜賓再回上海，回到美國，結束這個旅遊。

郭勝華：
女兒的片段隨筆

（一）

　　母親做為美國人，也接受了美國聯邦、伊利諾州，與配合社會服務（social service）的宗教慈善基金（Christian Charity）的照顧。

　　母親 57 歲時來美，66 歲時，外子提到有必要為母親的醫療找到保險比較妥當。

　　我帶著她到社會安全福利機構詢問購買 Medicare 保險，想不到卻意外得到當時想像不到的驚喜。

　　社會福利機構的人知道她是美國公民後，劈頭一問：「她會開車嗎？」我不好意思地說：「不會。」社會福利機構的人接著問：「她會騎腳踏車嗎？」我說她也不會。社會福利機構的人說：「那她有『disability』！」（意指沒有自己賺錢養活自己的

能力）

　社會安全福利機構的人拿了一些文件，要我填好，然後對我說：「你的母親自滿 65 歲起，依社會安全福利法，每個月就可以領取『Disability Income（SSI）』，也可以免費享有看醫師的聯邦老人醫療保險（不包括住院保險）。」這些福利，母親一直享用到辭世為止。

　幾年後，她決定搬到離我們開業的地方有一小時車程的芝加哥北郡中國城附近，由日本人經營的公寓（Heiwa Terrace）時，我兒時國校的學姊也就近幫忙申請住院與醫藥的州政府補助保險。

　住 Heiwa Terrace 的房租，視每位老人各自的收入而不同，有的人要付全額。母親則只須交出她 SSI 收入的四分之一即可，水電包括在內。

　Heiwa Terrace 的社會服務人員還替她安排由 Christian Charity 付費的清潔與家務服務人員，每星期三次，每次兩小時，幫助母親洗衣、打掃、買菜等事宜。公寓每天都有不同的活動，諸如繪畫、書法、音樂、健身操……每星期天，教會有交通車，由義務服務的教友接送來回。我常開玩笑說，母親的生活過得比我更忙碌、更豐富。我會每星期一次開車帶她買菜、看醫生、購買生活必需品等等。母親喜歡自己煮飯，並沒有加入公寓的每日兩餐的額外付費服務，也許是想省省錢吧？

　母親告訴我，她每晚睡前，都會感謝上蒼的賜予。

（二）

青原惟信禪師曾對門人說：「老僧三十年前未曾參禪時，見山是山，見水是水。後來參禪悟道，見山不是山，見水不是水。而今個休歇處，依然見山是山，見水是水。」

母親寫「三國誌」是我給她的題。她受的是日本教育，能以台語語氣寫作，又以中文寫了前面那麼多歷歷在目的文章，實在連我這個做女兒的也佩服萬分。

我曾問她，如果把她的人生大略分成日本人、中國人與美國人三段，哪一段是她感覺最快樂的一段？我心想，應該是嘉南

郭林汾與郭勝華於加拿大旅遊留影。

平原大地主么女的那一段童年，加上台北第三高女到嫁給父親的那一段日本人時光吧？然而，她的回答卻是做美國人的這第三段人生。

我遲遲沒有照她的遺稿把這段寫出來，母親自己也只對這段「見山又是山」的人生，留下寥寥的勾勒幾筆，似乎等著讓我來替她把色彩填上去。

於郵輪上體驗吃角子老虎機。

所幸，母親很喜歡照片，在這一段她做美國人的暮年，她留下更多照片。

所以，我決定以她留下來的照片，來呈現最後為她打下美滿句點的美國人生。

(三)

母親向我提出住進平和公寓（Heiwa Terrace）的打算時，我有一種失敗的挫折感，我不認為那是應該發生的。我本以為我努

乘直升機於空中遊覽阿拉斯加冰原。

力讀書，做了一個醫生，努力工作，不就是她對我的期望嗎？但
母親在 Haiwa Terrace 住了二十幾年，她找到了她自己的空間，回
到她生命最前段的文化歸屬，也在教會與志工的愛護下，有了比
我更豐富的社群活動，療癒了她生命第二段的創傷。她真正走了
她自己喜歡走的人生，「回首，也無風雨，也無晴」的最滿足的
人生旅程。

　　這裡有五張照片，第一張是教會朋友給母親做小生日，捕
捉了很美麗的一刻。第二張與第三張是芝城台灣長老教會活動。
第四張與第五張是 Heiwa Terrace （平和公寓）的生活照，留作紀
念。

教會朋友會郭林汾慶生留影。

芝城長老教會義工每週日以交通車接送平和公寓的長輩。

芝城長老教會前留影。

宜蘭頭城二二八
　　　遺孀郭林汾的三國人生

郭林汾於書法字畫前留影。

平和老人公寓合唱團活動。

生、老、病、死

郭勝華

一

　　母親在她的「三國誌」中，已為自己的「生與老」寫下了動人的故事。我這個做女兒的要替她的人生寫下謝幕的一段，不是輕易的事情。然而，她將她自28歲失去丈夫那年之後的一生給了我，也由我默默看著她離開，雖然她的內心深處只有她自己能觸及，可是再沒有人比我們母女的距離更近了，我就把她這段算是平穩，而我想是有神相佑的歸程試著下筆吧。我會試著以醫生的角度，以及佛家「生、老、病、死」的人生觀，以帶有少許旁觀距離的筆觸來下筆，捨下愛、恨，留給她應得的榮耀與嘆息。安息吧！母親。

　　母親自移民美國，5年後也入籍為美國公民，幫忙我把三個子女送進小學，歷時近11年，她也累了。接著，她住進了日本人管理的老人公寓（Heiwa Terrace）。那裡，她有十多位台灣鄉親為鄰，也有芝加哥台灣長老教會志工的疼愛，熟悉的日本文化與管理，讓我無後顧之憂。她在那裡一住就是二十幾年。我盡量在週末或星期三休診日，開單程一個鐘頭的路程去

找她，帶她出去買菜與必需品，或者去附近飯店吃飯。很多時候，她倒是喜歡看著我吃著她特別為我準備的，她最得意的家鄉口味。

住在 Heiwa Terrace 的二十幾年，她的健康一直不錯。我除了陪伴她看牙醫，做三、兩顆假牙外，也陪她開了兩眼的白內障手術。她的高血壓由藥物得到理想的控制，只是還有長期失眠與關節疼痛要依賴藥物。母親生性（抑或命運使然？）樂觀、自信、自立，很少怨天尤人，但是待人處世，必要據理力爭時，她也不會退縮，適可而止。她這段歲月，健康方面，只有兩三件事比較值得記上一筆。

一事是她每吃熱狗就會有便血，只是歷經 10 年左右的大腸鏡檢視都正常（包括一次吃生魚片後有便血），我只好叫她避吃這些食物。其次是因心絞痛讓我把她送醫，醫生因發現心電圖有異，送她入院做心血管導管檢查，沒有阻塞，歸咎於她服用的某種後來被禁用的降血壓劑引起。其三是因輕度呼吸困難，經我送醫，發現輕度肺炎，沒有住院。母親住 Heiwa Terrace 的最後一年，腸病毒引起的下痢失水，有不下三次，經急診室處理，都是回家補充電質水，保守處理之。直到有一天大清早，母親也許是自己感到有些不適，打電話給我，電話中，我聽到她那典型心臟急性衰竭的語音，馬上叫她拉扯浴室直達警衛的求救繩，將她直送急診入院。

二

　　母親平常是由附近一位韓裔醫生照顧她的日常健康問題。Heiwa Terrace 附近有兩家醫院，一是芝加哥 Uptown 有名的教學醫院 Weiss Memorial Hospital，一是一般社區醫院。母親的白內障手術，由一位平常敬愛母親的長老教會教友，在芝加哥伊利諾州立醫學院附設醫院眼科主任手術房服務的台灣護士引介，由眼科主任主刀。腸胃鏡檢查，是我把她帶回我的住區，請我醫院一位印度同仁做的檢查。心血管導管檢查，是因為心絞痛，由我把她送到 Weiss Memorial Hospital，急診室醫師發現心電圖有異，在決定入院進一步檢查時，特別替她選了會說河洛話，來自東南亞，在芝加哥大學教學的主任級趙醫師做的，那人很是親切。那次輕度肺炎與後來幾次的下痢脫水問題，也都經由母親打電話給我，我指示 Heiwa Terrace 先直送 Weiss Hospital 急診室，在前往醫院的一個鐘頭路程前，先直接以電話與急診室當值醫師有所了解後，再趕去接應。母親平常看診的韓裔醫師只能照顧距離較遠、設備較差的社區醫院住院患者，我心理比較不舒坦。

　　所以，當我由母親打來的電話聲音，發現她突發急性心臟衰竭時，我自然指示 Heiwa Terrace 讓救護車直驅 Weiss Hospital 急診室，經急診室醫師初診，決定住入心臟科加護病房，並由當值家庭科醫師與當值心臟科醫師會同主治。以前照顧過她的趙醫師是教學的主任級醫師，平常不輪值，病人一般也交其他

駐診醫師處理。

　　母親在心臟科加護病房的第一個 24 小時，我心情忐忑不安。我也知道，母親的心臟平常尚稱健康，此次突如其來的急性心臟衰竭，必另有其他原因。當值的心臟科醫師以利尿劑、小心地靜脈點滴、心臟血壓劑等幫母親紓解心肺積水問題，母親就沒有生命危險，而且十分安定。後來再多住院兩天，抽血做各種必要檢驗後，兩位主治醫師認為母親可以退院，回到她原有的一般醫師處，繼續看診。沒料到，退院後，由於急性心臟衰竭併發的急性腎功能衰竭，貧血的隱現，接連引發一連串的醫療與照顧問題。這是母親的健康，在她走前 4、5 年間的歷程。

三

　　我把退院的母親接回我的家中自己繼續照料。我發現母親有微微發燒的現象，而且整天打盹，給她一杯水，她居然接在手中照樣打盹。我聯絡了對她病情不熟悉、只是在急診室輪值而成為母親在 Weiss Hospital 的一位東歐醫師，他只是指示讓我把母親送回急診室打靜脈點滴。這樣折騰了三次，但母親依然時醒時打盹。這位東歐醫師也只指示我求助於母親平常原有的家庭醫師，可是那位醫師沒能來 Weiss Hospital 看診呀！

　　還是急診室醫師有警覺性，發現以前在急診室因下痢的驗糞有腸胃出血現象，又詳細調出母親住院三天及退院前不少的

抽血報告，發現母親在急性心臟衰竭之際，引發了急性腎衰竭，而且母親也有慢性貧血現象。我也向住院的心臟科醫師聯絡，他為母親介紹了一位十分優秀又親切的胃腸科專家。母親的胃鏡檢查，發現了很大的胃潰瘍。醫師本來憂心忡忡地告訴我，怕是胃癌。幸好，病理切片與細菌培養的結果，診斷是幽門螺旋桿菌引起的慢性胃潰瘍。經過輸血與正確的治療，母親很快好轉而且能夠在我接回家中照顧幾天後，應母親要求，回到她熟悉習慣的 Heiwa Terrace 小天地。只是我也發現，她四肢末梢時而有變紫的 Raynaud Syndrome 現象。

母親這一連串的健康問題，原來源自於她平日依賴的關節止痛藥。母親常自詡有很好的、不怕藥物負作用的胃壁。她平常因關節痛而依賴各種止痛藥，且疏忽胃腸保護的藥物，我雖有提醒，她卻不一定入耳，而且常開玩笑說：「你是先生（醫生），我是先生媽喔！」就這樣，長期的、微量的、沒有被發覺的、因藥物與幽門螺旋桿菌引起胃潰瘍的小出血，就不知不覺地長期進行著，變成慢性貧血，直到因連續幾次下痢脫水，終於使她的心臟功能失去平衡而引發急性衰竭，而急性腎衰竭也就難以避免地隨之發生了。

既然母親要求住回 Heiwa Terrace，我也不能勉強她。我於是給她掛上了 Life Line 的項鍊，也有安排護士定時往訪她。

四

母親在 Heiwa Terrace 又住了將近一年的時光，體力漸漸恢復，但是比以前差，持碗杯的手也有微微的顫抖，我也意識到必須開始考慮將來時日的照顧問題。母親的獨立性與獨立意識十分強，也許是命運所然，加上第二次世界大戰在東京的經歷讓她看得很開吧？她一直堅持自己照顧自己。

　　母親在 Heiwa Terrace 也有幾個日本人的朋友，和她最親近的是一位叫 Terada 的女士，住在母親所在的 4 樓 11 號大概正對面，很會畫油畫。Terada 女士的先生是早期移民美國的日本人，在第一任妻子辭世，子女也成人後，二次世界大戰剛開始時，回到日本娶 Terada 為續弦。聽說她先生在與她結婚不到兩年也走了。母親說 Terada 女士在她的客廳中設有她亡夫的照片與靈位，每日三餐必先供奉亡夫，自己才進食。Terada 女士自己沒有孩子，先生與前妻的孩子與她很有往來。Terada 女士非常和藹，待人熱誠，圓圓的臉上永遠帶著陽光般的笑容。後來，Heiwa Terrace 住進一位因戰爭被美國政府送入集中營而失學失業、沒能成家的英俊高挺的日本男人，比 Terada 女士年輕幾歲，很是仰慕 Terada 女士，開始追求她。母親說，Terada 女士應是動情了，但是恪守於日本傳統的禮教，她掙扎、痛苦後，拒絕了那份遲來的愛情。經過一年左右，那位男士與 Heiwa Terrace 裡一位又瘦又小、女的比男的至少矮三個頭的另一位女士成天交臂出現在公寓內。Terada 女士憂鬱了，生病了，終於被送入附近的 Nursing Home。母親曾去探訪幾次，約只半年，Terada 女士聽說發了瘋，就走了。母親收了一張她的

郭林汾於平和老人公寓最要好的日本朋友，Mrs. Terada 於櫻花樹下留影。

油畫，畫的是 Heiwa Terrace 的庭院，很不錯的一張作品。我常想，我也應該把這段故事寫下來。

母親自己也意識到，住進 Nursing Home 也許是難免的吧？她很看得開地告訴我說，必要時，她不會反對我讓她住進 Nursing Home。大約就在這段時間，我發現母親第三高女時代一位同學的兒子周逸民醫師與他的的太太（亦是醫師）就在附近開業。他們兩人也是我高雄醫學院的後期校友，因此，母親的醫療轉而請他們照顧。

事情終於發生了。那是 2008 年 5 月後的某一天，Heiwa Terrace 打來電話，通知我他們已將母親以救護車送到附近的

Community Hospital 了。

母親清早起床，旋而失去平衡，胸臉朝下跌倒，所幸壓到了 Life Line，促使當值警衛上來探究，馬上叫來救護車，把臉有血跡的母親送醫。

五

母親在這家社區醫院住了兩天，主要是腦部掃描，確定只是輕度震盪及可能少量溢血後，周逸民主治醫師與我商量，決定把她送到離 Heiwa Terrace 稍遠的 Lakeshore Nursing Home，周醫師說急性期最長可先住三個月，此期間有較完善的護理與復健理療，其後再評估是否轉穩定後的長期病床。這三個月期間，我盡量抽時間，開單程一個半小時的車程去探望她。

我在陳水扁第二任總統的第二年，由民進黨籍的芝加哥僑教中心主任主動向我探詢意願而出任 3 年僑務委員，每年返台開會一次。母親住進 Lakeshore Nursing Home 時，適逢馬英九就任總統不久，我本不打算回台，經周醫師勸說，叫我放心回台，由他多加一分照料，不用擔心。

提到這件事，也讓我提一件我幾乎不曾對外提起的事，在此只是記上一筆爲誌。那應追溯到陳水扁剛當選第一任總統時，有芝加哥楊正聰醫師（楊肇嘉侄兒、黃朝琴之甥，平常很關心黨外時期的民進黨）告訴我說，民進黨剛執政，各部門很缺人才，爲表示對二二八家族的關懷，留有一位僑選立委要給

二二八遺族，希望我若有意參政，可爭取之。然而，另一位在台灣島內相當活躍，平常跟陳水扁、謝長廷走得很近的另一位二二八遺族張秋梧女士，在我們二二八海外遺族剛回台的隔天，請陳少廷先生把我攬到飯店吃飯，希望我把機會留給張秋梧的姪女蕭美琴。陳少廷提出三個理由：其一，蕭美琴已在陳水扁身邊擔當總統翻譯；其二，當時的蕭美琴尚不具中華民國國籍，若膺選為僑選立委，可落地入籍；其三，陳水扁夫人身體有障，可安排蕭美琴接近照料。我也就被陳少廷與張秋梧擋了下來，加上我自己一時間沒有充分心理準備，就沒有進一步爭取那僑選立委的位子。

芝加哥的僑教中心主任，本來由一位民進黨的女士擔任，因屢受藍營杯葛，幾個月便換兩人。後來，由中興法律背景的鄭介松擔任，對我在後來以僑務委員身分追究先父二二八的案件有少少助益，那就是：中華民國各政府部門對我這個僑務委員的信件，必須以公文視之，也必須以公文回應之。只是，我終究身在海外，鞭長莫及，也沒有進一步質詢與追究的能力。後來或許是意見不同，僑務上也未有往來，我與他並沒有再多聯絡。

我自台灣的僑務委員會開會回美，母親已可以扶著 walker 走動了。三個月屆滿，我想把母親接回家中，自己照料，周醫師表示擔憂與反對，他認為我自己沒有能力把母親照料好，反而會把自己累垮下來。

芝加哥僑教中心二二八紀念會，高俊明牧師訪問芝加哥長老教會教友、芝加哥台灣同鄉及教友聚會。

六

　　母親住在 Lakeshore Nursing Home 的前三個月，周逸民醫師替她安排了每天的身體與腦智復健活動項目，母親都能滿懷好奇與欣喜的參與，這也是康復很重要的因素。她對別人很少挑剔，但也會適當與人溝通，適應能力不弱。三個月緊湊的腦傷後復健期滿，母親的恢復不錯，周醫師把她轉入一般長住病房，並建議我開始在我自己住處附近找尋可以接納母親轉住的 Nursing Home。

很幸運的，就在我附近開車約 10 分鐘路程的一家叫做 Burgess Square 的 Nursing Home 尚有少數幾張病床，他們在了解母親還算不錯的狀況下，又與周醫師會談後，決定讓她住進普通長住病床。由於知道我也是醫師，還自始特別安排兩人一房、靠近護士站的房間給她。同一時期，另有兩位比母親年長的台灣阿嬤住在裡面了。一位是芝加哥台灣同鄉會知名的戲劇導演，也是布袋戲「白賊七」編劇者陳清風教授的岳母；另一位是原來也住 Heiwa Terrace，同是芝加哥長老教會教友的陳紅柑女士（陳俊旺之母），陳伯母還比母親年長 10 歲，且是母親在 Heiwa Terrace 最要好的鄉親。所以，母親還不會太孤單寂寞。母親開始出現走路緩慢的現象，也有輕度喪失記憶的情況，主要是不久之前發生的事情先忘記了，但是給她老花眼鏡，她還可以看書，而且以台語唸出教會公報。然而不久後因眼睛會累，不讀書報了。

經過半年許，Nursing Home 為她準備了輪椅。開始時，讓她用走的，推著輪椅到餐廳吃三餐並參加簡單的活動；後來，漸漸的，她需要坐上輪椅，由自己用手腳來推動輪椅。母親十分堅持自力救助，需要上廁所，即使我在她房內，她也要自己把輪椅推到廁所前面，用腳把門勾開，進了裡面，一鼓作氣站立起來，然後，抓住 sink，自己做自己的盥洗、擦手、穿衣褲等動作。她告訴我，因為她最怕被包尿片！

至於洗澡，她就沒輒了，只好讓護士們幫忙了，不過，碰到男護士，她時而推託拒絕。Nursing Home 的洗澡，當然只

是沖澡了。母親是很不喜歡沖澡，記得有一次剛從醫院退院，我把她帶回我家中住，洗澡時，我認為簡單1、2分鐘的沖澡為宜。她說在醫院已有三天沒好好洗澡了，堅持下浴缸好好泡澡。等到她泡得很舒服了，卻發現自己站不起來。本來我試著在缸外助她一把力，幾次後，發現不行，只好也站入滑溜溜的水缸中，一手攙住她，一手抓住鑲入壁上放肥皂裝置的小環（此浴缸沒有安裝把手），這才發現自己不但很難隻手把體重稍稍過百磅、下肢很虛弱的母親自後撐起站立，連我自己都有可能滑倒受傷。屋內只有我兩人，在浴缸內試著、掙扎著讓母親站穩起來，但掙扎了十幾次，母親是站起來了，但又坐了下去。終於，我不顧危險，雙手攙在母親腋下，告訴她：我喊一、二、三，兩人同時用力站起。這樣，也是第三次才成功，這時，兩人已在浴缸中掙扎二十幾分鐘了。

母親在這 Burgess Square 住了4年上下，一直很平順。我不能每天，也是2、3天就會順路經過，進去看看她，盡量把她的衣服拿回家中自己洗，免得與別人的混雜，或是襪子常又一隻不見。平常，我會帶一點她愛吃的東西，節日就把她接回家，或到飯店吃飯。

七

母親剛住進 Burgess Square 時已年近90了，第二年，Nursing Home 做行政管理方面的護士找我商議，希望母親簽

同意書，把照顧她的法律職責交由我全權替她做決定，也希望我與母親詳細解釋後，簽署同意自然生命將終時，不採取醫護照料竭盡一切可能延長生命的措施。母親無異議地把 Power of Attorney 簽給我，我也同意院方的建議，不插管、不切喉，無意識時不以動脈營養點滴或人工呼吸延長生命，我只要求提供基本靜脈點滴、氧氣、必要的抗生素，直到生命終了。

第三年，院方把母親送到二樓，那裡住的大都是比較穩定的人，可以自己坐在輪椅上，隨興參加外面社會服務方面提供的音樂、宗教、電影等等活動，即使住院的長輩只是打瞌睡的多。這裡的護理當然也比較鬆些，母親長年的便秘沒了一樓菲律賓護士的特別注意，情況加劇，每星期替她灌腸一次，二樓每星期會安排一次到復健房做些簡單活動。這一年的下半年，護士注意到母親瘦了 10 磅左右，但是母親從來沒有什麼不適的感覺，印度裔的醫師也保持緘默。有時候，母親會因為自己上洗手間時，坐在輪椅上，因為用腳勾開房門而不慎溜坐在地上，被發現時，須仰賴 4、5 位男女護士才能把她重新請回輪椅或送回床上。這是專業的做法，有人為要承重須繫上腰部保護繫帶，也為母親繫上將她從地上提起的腰帶，其他的人幫著扶臀、撐腋，把輪椅抓好，才能把母親請回座位，這種工作不是一般人自己在家中可輕易做到的。然後，護士會通知我，他們會為母親觀察 24 小時，安定後才回歸正常作業。

這一年，我先生終於厭倦住了 40 年的芝加哥，主要是那每一年陰沉的長冬與大雪，積極計劃搬到多年嚮往的陽光之州

——加利福尼亞州。他年輕的時候，可以多達一天三次不分日夜風雪（有一次，從醫院好不容易回到家，車庫前堆著大風雪帶來的六尺白雪）到醫院去幫忙產婦生孩子，回家倒頭又睡了，反而是我睡不著。但 30 年下來，變成我習慣了三更半夜2、3 次護士向他報告產婦進程的電話鈴聲，照樣能呼呼入睡，而他接生孩子回來，輾轉反側難以入睡。本來，我們兩人早在 1981 年即雙雙取得加州開業職照，因為孩子一個接一個，得以入學於伊利諾州公費的名校 Illinois Math and Science Academy 而繼續留在伊利諾州開業。退休下來後，他每每抱怨沒有戶外活動，又須鏟雪的漫長寒冬讓他手指皮膚龜裂。這時，我們的孩子大都不在身邊了。我們曾在加州房價高漲的千禧年第八年到那裡找房子，也曾幾乎買了房，但還好沒有成交。我們在 2012 年有了比較充分的準備，又來到房價跌入谷底、稍有上揚的南加州。我們如果找不到平房，一定要找至少樓下有一臥室的房子，因為我不打算把母親留在芝加哥西郊。

八

在母親住進 Nursing Home 的一年多前，芝加哥的台灣長老教會聘了新牧師，我至今記不起他的名字，他那稍帶福態的臉龐，胖胖的，不矮，有一腿微跛的身影，倒還存在我的腦海裡。當母親意識到自己即將要離開芝加哥的台灣長老教會時，特別指示我捐給教會一些錢，也許擔心自己走時，沒有認識的

宜蘭頭城二二八
遺孀郭林汾的三國人生

牧師送她一程，我只酌量捐了一張 2000 美金的支票，不算多，也不算少，是母親的誠意。這位不太認識我們母女，我和他不熟，甚至覺得他很自我的牧師，我對他也沒有多大的好感。母親住進 Burgess Square 的第一年，他來到離芝加哥的台灣長老教會約 45 至 60 分車程的地方探望陳紅柑女士與我母親兩次。以後，來了，也只探望還是他牧區的陳俊旺先生的母親，無視住在同院的母親。我知道母親有一些失落感，新社區也有台福教會與母親熟悉的教友，只是母親行動十分不便了。我本人雖然自始也盡量抽時間陪母親去參加禮拜與教會活動，但從來不是受洗的基督教徒。

母親的教會，常常有人認為我應該跟隨母親受洗為基督徒，但母親從來認為那是我自己的決定。同是高雄醫學院畢業的陳百芳醫師是很值得尊敬、很虔誠的基督徒，是良醫，也是我的良友，他也跟母親持相同的見解，他說：「宗教信仰只是人與神兩人之間的契約與對話，教會是提供一個敬神與教友聚會活動的地方，牧師也只是一個神的牧者，信仰是一個人自己的選擇。」很難否定的，西方人的敬神與宗教信仰，為人類社會帶來信、望、愛，還有講不完的寬恕、犧牲、助人的精神。但是，東方幾近哲學的佛學也早已是我自心寧靜的選擇，正與陳百芳醫師所言者有異曲同工之妙，我沒有形式，只有一心。

我發現，住在 Burgess Square 的母親有近期記憶功能因腦傷而受影響的問題，但是沒有影響她腦海深處的深層記憶與她一向敏銳的觀察力，這可由她的眼神告訴我。母親與我可以帶些

幽默地談論生死的敏感話題，她告訴我，她最大的願望是能在生命的最後那一刻，保持神識清醒。我問她，那麼將何去？她回我說，去找公仔媽（台語，意為父母），我又問她怎麼去？她說：「我有一張床，我就這麼躺下就可以去了。」

　　4年左右，教會的牧師漸漸忘了她，可教友與同鄉會的人沒有忘了她，都會來探望她。自 1970 年代，一直是芝加哥地區每年二二八紀念會召集人的陳清風教授，因其岳母也失智而同住院中，其家人也會來看母親。不幸的是，陳教授疑因冬天鏟雪或已原有心血管問題，竟比他岳母早走一步。每年，芝加哥鄉親都不間斷地在教會禮堂舉行隆重的二二八紀念會，民進黨執政後，地點也改到當地的僑教中心舉行。

　　有一次，大約母親辭世前半年左右，只有母親與我兩人在她房內，我為了測試母親的腦力與視力，把她收在床頭櫃的老花眼鏡與一張每兩星期寄來的教會週日會報拿出來，要她唸給我聽。她戴上眼鏡，以流利的台語，一字不漏地唸了出來。我替她把眼鏡與教會週報收回床頭櫃後，半玩笑地問：「媽媽，你信什麼教？」她眼輪微轉，居然回答：「啊－我（ㄅㄜ）信媽祖教！」著實把我嚇一大跳，也差點笑出聲來！不久，我先生陪我去看母親，我又特意請她讀教會週報，等收好眼鏡與週報後，同樣問她：「媽媽，你信什麼教？」她同樣回答：「我（ㄅㄜ）信媽祖教！」我先生禁不住，噗哧的微笑出來。

九

　　母親在生命終了約半年前，在美國住了 30 多年，受洗為基督徒 20 多年之後說她信媽祖教，應該不值得大驚小怪，而且我相信她說這句話時，腦筋是不糊塗的。最切身的是，以她在芝加哥教會的所聞所見，教友走的時後，必有牧師引導祝禱，但她已有 2、3 年沒進教會了，不熟稔的牧師也許忘了她這個教友了。我曾考慮到社區教會中，有一位母親熟稔，本只是教友，後來靠自己努力進修，也取得牧師資格的賴子良長老，但那樣對母親隸籍的芝加哥長老教會與較近的社區教會牧師，應該是一種僭越吧？我也曾在報紙上讀過有英國社區牧師因信徒供奉不多，不願為他們送終祝禱的消息。母親住進 Nursing Home 前，我應她囑咐而奉獻的 2000 美金，也許新牧師嫌少，我本人又不是信徒，沒有持續奉獻，但那數目可是那個「中華民國政府」賠償被謀殺的郭章垣院長生命的金額的百分之一呀！

　　外祖母篤信媽祖，台灣的天上聖母。在土庫鎮的市集中心最顯目、最輝煌的建築就是媽祖廟，享有「北港聖，土庫定」的盛名，堪可比美西方之崇拜聖母瑪麗亞。於我來說，外祖母對我這個出生前就沒了父親的孤女的疼惜，堪比天上聖母、觀世音菩薩，她自幼小滋潤著我的心靈。母親希望辭世後再可回到父母身邊，那麼，母親臨走前不久說她信媽祖教，也就不奇怪了。

　　父親在宜蘭頭城慶元宮媽祖廟廟埕上遇難，就在媽祖的眼

下發生。我在 1995 年回台將父親的骨灰收甕來美時，發生了一件難以思議的巧合，也與媽祖有緣。那年，我委託郭博美堂姑先替我擇一黃道吉日與開墓時辰，我自美返台，自台北配合殯儀館人員由台北南下到嘉義高速公路出口的交流道，只見至少 6 部以上的大型遊覽車慢吞吞地擋在我們前頭，眼看佳辰逼近，我心不由得十分著急。

好不容易，龜速尾隨前行多輛遊覽車來到父親遷葬自宜蘭二號公墓、離公路不遠的郭家家族墓園。殯儀館的人員已先到一步，等我們到來，即在簡單儀式之後開墓。此時，我那第一次謀面，博美姑那位在嘉義當牙醫也來幫忙的弟弟忽然驚呼，指著不遠路邊停下的那好幾輛遊覽車，原來那是每年一度出巡的六房媽祖的隨香車隊。只見那些隨香的信徒全部下車，有舞龍的，也有千里眼、順風耳，鑼鼓喧天，好不熱鬧。原來是六房媽祖乩童臨時起乩，指示隨香團捨溪口鄉街道，改走鄉郊公路。來到我們為父親啓墓不遠處，乩童又起乩，說是媽祖指示，要下轎巡視。自稱很鐵齒的他，與同樣來自台北，全家篤信基督，也來為他 3 歲即病逝的妹妹收骨到父母墓旁的另一位堂叔（台北尼斯可藥廠總裁，也是資助我完成醫學學業的另一恩人），都覺得難以思議。

十

母親住在 Burgess Square Nursing Home 的最後一年，幾乎

每隔一、兩個月就會發生從輪椅上溜坐到地上的狀況，我會接到護士打來電話，告訴我母親沒事，身上沒有擦傷，只是她每每自己上廁所，坐在輪椅上用腳把房內廁所的門勾開時，總有距離拿不準，或者試著用力太大的時候，就失去平衡而溜下輪椅，坐到地上去了。母親漸漸地發生排便困難的情形，上廁所的頻率也增加了，她似乎不願按床邊的叫人幫助警鈴，總是自己行動。護士在助理們幫忙把母親送回床上後，總是例行地打電話來告訴我，說他們會特別關注母親的脈搏、血壓、呼吸、神智等，24 小時後，如果沒事，再恢復常規。這種情形幾乎成了例行公事，護士與我習以爲常，母親也沒有特殊不適的表現。

在這年（2011-2012），我先生終於全盤厭倦住了四十幾年的芝加哥，那每年 11 月起，幾乎每天陰灰的天色，接下來連續五個月的雪季，讓退休的他直呼難再待下去了。我們本來一直嚮往加州的好天氣，在 1980 年代即雙雙到加州，經由口試，取得醫師執照，卻因三個孩子的教育，繼續留在伊利諾州。在幾次來往兩州之後，我們終於一鼓作氣買下了房子，而且爲母親在一樓準備了一間帶有衛浴的房間。

我原意要把母親接來家中同住，可是 Burgess Square Nursing Home 的護士長持保留的態度，她認爲年已 93 的母親已十分脆弱，一動不如一靜，要她重新適應新環境，不是好的選擇。站在美國聯邦與各州獨立的醫療法律上來講，如果我把母親接到加州，她可以繼續她 SSI 的聯邦醫療保險，但只有看

醫生部分，不包括醫院住院費用與藥品。如果她有住 Nursing Home 的必要，必須在遷移加州後，重新由加州的醫生經必要的住院與鑑定後才能住入，除非昂貴的自費，否則定是離家較遠的地方。這件事教我十分為難，我只好在搬到加州後，有半年時間，每一個月飛芝加哥一次，回去探望母親 3 天。母親有著盼望我承諾帶她到加州的眼神，但她也意識到我有難處，因為在那裡常遇到熟人，當他們問起時，我一不小心會透露一些實情，我發現母親的眼神有些許失落，我也心有歉疚。

　　會發生的事還是會來，但很突如其來。那是 2013 年 2 月 6 日（農曆除夕的前二天）傍晚，護士例行公事打電話告訴我說，母親又在餐廳從輪椅溜坐到地上了，他們已把她安頓好了，正回房躺在床上休息，他們會按時探視。那晚半夜以後，護士打來電話，說是母親呼吸很急促，但神識還是清醒的。雖然我曾簽下危急時不做氣切或插管等急救措施的同意書，但還是不明白兩星期前見面時還算穩定的母親，為何突然發生呼吸問題，當下要求他們將母親罩上氧氣送往醫院急診室。

　　當我接到下一通電話已是 2 月 7 日凌晨 2、3 點了，那是急診室醫師打來的，他直言說母親只有幾個小時的生命了，要我速速做準備。我與我先生即時打電話給航空公司，直陳理由，拿了最速飛芝加哥的兩張機票直奔機場。我也拜託在醫院附近、土庫同鄉陳碧蓮阿姨的兒子許武雄到急診室去看母親，他說母親的眼睛已無反應了。急診室的醫師告訴我，他會將罩上氧氣及有靜脈點滴的母親送往加護病房，並告訴我說 X 光片顯

示母親的呼吸急促來自充滿氣體的橫隔膜下面腹腔的壓迫（大腸破裂）。當我與夫婿在機場搭計程車馳往母親所在的醫院時，路上約有一吋左右的白雪，天上也繼續飄揚著雪花。

十一

在我即將離開加州的家門前往機場之前，醫院值夜班到凌晨的一位女牧師打來一通電話。她有著安寧溫暖的聲音，她這麼告訴我：「我在醫院服務很久了，你的母親是我見過非常少數的例子。她的臉很安詳，她的嘴型很美，她的嘴唇閉攏得很漂亮，她是被祝福的。一般的病人，臨終時，大都因病痛、恐懼，走的時候嘴巴沒能合攏，很多還是歪的，臉部的表情也往往是痛苦、憂愁、甚或驚恐的。你的母親不一樣，她看起來很美麗端詳，就像睡去一般，她是被祝福的。」

我謝了女牧師之後，她接著問我：「你母親的宗教信仰是哪一種？」我坦白告訴她母親來美曾受洗為基督徒，也參加教會二十幾年，但是大約六個月前，自己改稱信仰的是「媽祖教」（我簡單地告訴她，那是台灣民間類似佛教的信仰）。女牧師接著說，她也曾對各種宗教信仰稍有研究，然後說：「佛教徒相信人離世之際要保持寧靜，我們會照著這麼做。」

我與夫婿稍做打理，趕到機場，盡可能要求最快的班機，搭了過午的飛機，飛了四個多鐘頭，傍晚回到了芝加哥，稍進晚餐，趕到醫院。我驚訝地發現，偌大的、最新配備的特等加

護病房，除了母親十分安詳地躺在床上外，就只有接班的另一位女牧師在，她也一樣讚美母親。此時，母親的靜脈點滴與氧氣罩已被拿下了。

那時的我，也覺得很 peaceful，牽起她的右手，覺得稍稍還有體溫。我只想跟睡著覺的母親悄悄耳語些最後的貼心話，我要她安心好走，不用再擔心我了。我也感謝她讓我這一個出生就見不到父親的孤女，沒有欠缺母愛的長大，而且有不少貴人幫助我完成醫學教育，得以靠自己站起來。

說也奇怪，這時，那張能精確紀錄床上病人體重的病床，就那麼忽上忽下，輕微地起伏，機器床也跟著輕聲呼呼作響，這種現象持續了約 10 分鐘上下。我本以為是我按床引起，但在場的 3 人（我、我先生、女牧師）都放手時，那床持續起伏。如果說人臨終時，人體的體重會因一剎那間靈魂的離體而失重 8 盎司（有研究如此報告），會不會是母親在陰陽之交，也希望能跟我說幾句永別的話？

十二

母親在 Heiwa Terrace 有一位最親近的朋友，是陳紅柑女士（陳俊旺之母，比母親年長 10 歲），母親都暱稱她「紅柑姐」，在 Heiwa Terrace 做了二十幾年的鄰居後，紅柑姐因失憶症先住進 Burgess Square，之後兩人又在那裡做了 4 年左右的鄰居，Nursing Home 的人把她們在餐廳吃飯的座位安排在一起，

紅柑姐時而認得人，時而認不得。我剛搬到加州後，曾拜託陳俊旺先生在探望他母親時，也順便替我關照母親。可惜，兩個月後，紅柑姐就辭世了。我也意識到母親來日不多，替她準備了衣鞋等，也跟她討論到將來的火葬事宜，母親十分開明，表示可以接受我的安排。2013年2月7日，我在接到醫院急診室醫生告訴我母親只有幾小時生命時，便打電話向陳俊旺先生請教處理後事事宜，陳俊旺先生開玩笑地說，是他母親來把我母親帶走了。

由於隔兩天便是農曆新年了，外邊的雪也加大了，我決定把喪事限縮到家人自己，沒有驚動教會與同鄉會的朋友。在醫院，我請來了附近殯儀館的人幫忙，把母親直接移靈到那裡去，並與他們議定火葬事宜，順利地安排處理妥當。母親的送喪行列只有靈車與家人。在伊利諾州，只有直系親屬在簡單簽認手續費後，可以陪送棺木進入至火葬室前。目送著母親的遺體被送進火葬室，永遠再見不到她了，那種傷別離，不是淚水與心痛可以言喻的。

回到母親住了4年左右的 Nursing Home，向幾年來照顧她的人道謝。護士們告訴我說，母親臨走的那天晚上，值班的護士發現她呼吸急促，曾問她是否需要人幫忙？她舉起右手搖搖，表示否定。她曾多次表示希望自己臨終時保持清醒的意識，我想她是做到了，上天保佑她。

雖說沒敢驚動即將過年的鄉親，土庫陳碧蓮阿姨的兒子許武雄與他太太賴淑慎（從幼稚園即與我同學）還是把消息傳了

出去。同鄉們踴躍地在芝加哥台灣文教中心為母親舉行了盛大的追思會，讓我十分感動。在每年一定舉辦二二八紀念會的芝加哥，郭章垣院長的遺孀與孤女是大家很熟悉的人物，母親的堅毅更是大家所敬重的。

1947 年的 3 月，蔣介石派來台灣的陳儀軍事佔領政權，其官派的宜蘭市長，時年 26 歲左右的朱正宗，與地方警察、駐軍在無拘捕令之下，對郭章垣院長等犯下無審、無判、綁架、謀殺、滅屍的罪行，使得母親陷入黑暗的生涯，直到移民美國。上天垂顧，母親得以含飴弄孫，以 93 高齡辭世。

反觀 70 多年來的台灣，竟沒能對任何犯罪者加以審判、定罪，甚至譴責？虛存的監察院縱使對受害者調查無罪，竟也沒有彈劾任何人，並沒有撫卹任何枉死的公務人員。反觀眾多退將領了退俸，竟到敵方享福，這還有法理嗎？檯面上的政客們能不羞乎？政客們難道只會每年二二八如禮行儀道歉一番？

這轉型正義能轉幾多，姑且拭目待之。人間如若無公義，我們就只能祈求上天：「因果分明定不差，古今種豆豈生麻；善惡若無罪福報，聖賢豈肯信服他？假使百千劫，所作業不亡；因緣會遇時，果報還自受！」

母親，安息吧！

郭林汾遺照，左手無名指還戴著丈夫給她的結婚戒指。

宜蘭頭城二二八
　　遺孀郭林汾的三國人生

父親的死亡證書

郭勝華

宜蘭頭城媽祖廟二坑七屍案

我出生時，戶籍資料父欄已有（歿）的紀錄。那是以代書為業的祖父，在其兒子郭章垣於 1947 年 3 月 19 日左右，於（省立）宜蘭大病院院長職上，被「地方駐軍」（監察院調查報告所示）以「無審、無判、綁架、謀殺、滅屍」等方式殺害於宜蘭頭城媽祖廟廟埕上之後，以「陳情書」向嘉義縣溪口鄉戶籍機關申報其子業已死亡的緣故。我是郭院長的遺腹女，也是他唯一的子女，我沒有父親、也沒有兄弟姊妹。大約 4 歲時，母親把我帶回她的娘家 —— 雲林縣土庫鎮，有舅舅林庭訓照顧我們母女。土庫，是我從幼稚園到 1973 年自高雄醫學院畢業離開台灣來到美國的故鄉。

祖父有三個太太，父親本是原配次子，因哥哥 2 歲夭折，成了祖父倚盼甚重的長子。祖父把父親送到日本，在東京讀高中後，父親不負祖父的期望，考上了慶應義塾，進入 7 年制的醫學部。不久，祖父因替人做保而負債累累，父親哀哀懇求，堅持把同父異母的三弟帶到東京，希望培養祖父三個太太各自

的長子，期盼來日共負近 20 人口的家計。父親的同母大弟（二叔）因跟隨祖父做代書文書工作而早已先結婚生子。我的父母親結婚那年，二叔二嬸已有生育二男，很得祖父母疼愛。

　　我的父親因為身為長子，責任心很重，跟我母親結婚後，帶著新婚妻子回到東京繼續學業（醫科第五年，1940 年），一直不敢有孩子。第二次世界大戰日本投降後，於 1946 年 2 月回到台灣，5 月上任宜蘭「省立」醫院院長，宜蘭當年夏天爆發廈門傳入的霍亂。父親馬不停蹄地照顧病人，努力控制疫情，因而與時年 26 歲的官派市長朱正宗等發生行政衝突，而在 1947 年 3 月台北及全台灣的二二八濫殺與清鄉的暴政中，與其他六名公務人員被綁架、謀殺於宜蘭頭城媽祖廟（慶元宮）廟埕上，挖二坑埋七屍。

　　李登輝時代，二坑七屍案犧牲者葉風鼓的次子葉朝清，曾把他整理的資料交給我，詳述此一發生於 1947 年 3 月 19 日的慘案：

一、遭難者

1. 郭章垣：宜蘭大醫院院長（日本時代直隸台灣總督府），日本慶應義塾醫科畢業並完成外科醫師訓練。1915 年 12 月 10 日生。
2. 蘇耀邦：宜蘭農校代校長。日本釜山音樂學院畢業。殉年 55 歲。
3. 林蔡齡：台銀宜蘭分行營業課長。日本明治大學法律系

宜蘭頭城二二八
遺孀郭林汾的三國人生

畢業。殉年 27 歲。

4. 葉風鼓：宜蘭警務代課長。殉年 40。

5. 賴阿塗：警員。殉年 24。

6. 呂金發：警員。殉年 20。

7. 曾朝宜：警員。殉年 21。

二、唯一生還者

林金春：郵電局電信課長。被刑求拘禁十幾天後釋回。白色恐怖時又兩度被拘捕入獄達十幾年。

三、相關人物

1. 朱正宗：官派宜蘭市長，時年 25 至 26 歲，大陸籍，後又任公賣局局長、台灣土地開發投資信託公司總經理，為本案重大關鍵人物。

2. 羅大偉：宜蘭警察局警務課長，大陸籍。為本案重大關鍵人物。（宜蘭人有這麼一個說法，二坑七屍案中的警務人員應是羅大偉加害。此人曾於案發後遠走他處，曾回宜蘭，並坦承：「當年做過了頭！」）

3. 陳智：市長秘書，大陸籍，通台語。曾被二二八處理委員會之激動分子拿武士刀欲砍之，郭章垣院長由背後抱住持刀者，救其一命。後來聽說發瘋，不久死亡。

4. 傅國堂：時任駐軍團長，曾因盲腸炎由郭章垣院長開刀，救其一命。

5. 徐光沖：基隆要塞司令部派駐宜蘭之參謀。關鍵人物。

6. 周競宇：宜蘭空軍機場隊長。

7. 李文王：駐軍七十軍七十五師224團營長。

8. 邵漢三：駐軍七十軍七十五師224團團長。

9. 魏啓一：民政課長。

10. 李祖壽：宜中校長。

11. 林春光：二二八處理委員會重要幹部。

12. 游如川：處委會唯一派駐台北幹部，事後安然無事。

13. 康長銘：實際參與綁架警員之一，大陸籍。傳於事後約2年，攜大批財物回唐山。

14. 簡宗琳：刑警，實際參與綁架，台籍。

15. 吳其政：警員，實際參與綁架，台籍。

16. 蔡陽昆：宜蘭醫院外科醫師，郭章垣院長在蔡醫師宿舍被綁架時，與郭章垣院長夫人同時在場。

17. 李本璧：宜蘭市公所稅務股主任，親身經歷其事。（見張文義著《噶瑪蘭二二八》）

18. 許焰灶：二二八處理委員會成員之一。可能為軍方爪牙，有資料顯示此人參與提供被害人名單。

四、「成興樓」鴻門宴及頭城媽祖廟廟埕殺人滅屍慘案

21師師長劉雨卿手下駐軍七十軍七十五師224團團長邵漢三，其屬下李文王營長派人與羅大偉警務處長於成興樓宴請「處理委員會」各成員，暗中辨認「清鄉」對象。然後在徐光

沖參謀指揮下，由警員吳其政、簡宗琳、康長銘等人帶路，於
3月18日凌晨到各受害者家中綁架，並於次晨在頭城媽祖廟廟
埕殺人滅屍，並派軍人站崗。

五、案發後頭城媽祖廟廟埕上的慘狀

媽祖廟廟埕上有掙扎露出土外之手腳各一隻，附近榕樹上
掛有蘇耀邦的紳士呢帽、賴阿塗的警帽及呂金發的皮帶。廟埕
上有二坑，一坑三屍，另一坑四屍。露出的手指甲內有泥土，
屍體沒有槍傷，有彈盡活埋之說。郭章垣院長屍體被挖起時，
身上仍五花大綁，雙手反綁於背後。

六、收屍經過

仕紳盧纘祥出面與軍團指揮官交涉結果，同意讓遭難者家
屬在晚上半夜前去「偷屍」。附帶條件是，必須在軍方「不知
情」之下「竊走」屍體，而且要礁溪警察分局同時具報。其實
頭城警察分駐所就在附近，但故意捨近就遠，以便家屬有充分
時間「竊屍」。當時因電信中斷，特由體型笨重的電信代所長
「練山水」騎腳踏車慢慢到礁溪分局呈報「盜屍」。再由礁溪
分局向團部報案。該軍再假問原委，然後稱盜走了就算了，表
示結案。

受難者家屬除曾朝宜親人沒聯絡上外，其餘均由朋友、親
人、善士冒險前來半夜認屍、收屍。有的人幫著打點照明，有
的人到附近打井水幫忙洗屍入殮。由於一時間要同時收殮多具

屍體，小鎮棺木店沒有夠用的抬棺大樑，那時的人只好含悲忍淚，抬棺沿著海邊沙灘行進，一遇風吹草動，只怕是軍方趕來，大夥趕緊丟下棺木，跑到林投欉下躲避，等平靜後再繼續行走。一行經打馬軒、三步竹子、下埔、埔頂等處，下葬於宜蘭二號公墓。當時也沒有聘請道士作法事，怕的是軍方出爾反爾，追緝盜屍，一直到天明才草草了事。

父親為了控制霍亂疫情與復建戰爭中被炸毀的醫院宿舍，曾求助於聯合國救濟總署（UNRRA），也與世界衛生組織派至宜蘭的兩位醫師：Dr. Ira D. Hirschy 與小兒科女醫師 Dr. Brown 結識，兩位也曾偕母親搭他們的軍用卡車到台北參加全台的省立醫院院長會議（母親如此說）。父親被謀殺，Dr. Ira D. Hirschy 上報時為美軍駐台海軍官員（Navy Attache'）的柯喬治（George H. Kerr）。因此，柯喬治在其多年後的著作《被出賣的台灣》（*Formosa Betrayed*）原文版第306頁，才留下了這麼一段對宜蘭二二八的描述：

He told of circumstances at Gilam, southeast of Keelung, where during the uprising the Chinese Mayor, his officials, and all local Chinese police and military personnel retired to a mountain hideout.

In their absence the leading citizens carried on public affairs. A Formosan doctor--a surgeon and director of the local hospital which had been rehabilitated by UNRRA--took a leading role in the Citizens Committee established to govern the community in the absence of all mainland officialdom. But when Chiang's troops came in, the (Chinese) Major and his men came out of hiding.

Scores of local citizens were arrested. the director of the hospital, another doctor, five leading Committee colleagues, and more than one hundred "ordinary" Formosans were then executed. (note6, XIV)

To the last there was expectation that surely the United States would intervene, at Nanking or on the island, to stay the Generalissimo's revenge. Many UNRRA staff members reported this continuing hope born of desperation, and I shall not forget the wordless appeal in the eyes of four well-dressed young men who passed my gate and my protective American flag at midday on March 13. They were tied together by ropes attached to wires twisted about their necks, their arms were bound, and they were being hurried along toward the execution place on the banks of the Keelung River nearby. The ragged Nationalist soldier prodding them along at bayonet point saw the American flag on my jeep, and gave me the smartest salute he could manage. Here was the betrayal in its most simple terms; the Formosans looked to us for help, we armed and financed the Nationalist, and the Nationalist were making sure, if they could, that there would be no more appeals to the United States and "democracy."

(note6, XIV--Letter from Ira D. Hirschy, M.D., chief medical officer, UNRRA-Taiwan, to E.E.Paine n.d.-UNRRA Report Officer)

一紙要不到的死亡證書

我於 1973 年自高雄醫學院醫科畢業後，因結婚而在同年年底來到美國。1974 年起，我欲接先母來美，但從我懷孕到終於把母親接來美國之間，因為拿不出美國移民局所要求的先父郭章垣院長之「死亡證書」，而整整折騰了幾近 2 年。

1970 年代早期，美國還沒有承認 PRC。美國在台灣設有大使館，芝加哥則設有中華民國領事館。

我因先生已是美國公民，所以我是拿 PR（永久居留權）來到美國的。我要申請母親來美，首先必須到中華民國駐芝加哥領事館取得「探親證明」，給母親去美國在台大使館辦理來美簽證。這一切都沒問題。

只是，母親到美國大使館去辦理簽證，被問起到美國探親的目的時，母親直言不諱地說是因為唯一的女兒已有身孕，需要母親前往幫忙照顧小孩，好讓女兒產後可以繼續醫院實習。

這麼一來，美國大使館拒絕了她的探親簽證請求。他們表示，據母親所言，她到美國之後是要工作，而非探親，於是他們要求母親辦理 PR，並請她拿出與我父親的結婚證書或照片（證明合法婚姻），另要母親提交父親的死亡證書，證明她必須依親於我（唯一子女）。

母親來信表示，希望我到中華民國駐芝加哥領事館取得「依親證明」，才能辦理來美依親。照當年中華民國政府的規定，我必須在美國住滿 2 年，方可提出家眷的依親申請。當時，我到美國未滿一年。經我挺著五、六個月的身孕與他們解說後，辦事人員為難地進去裡邊，與長官請教了 20 分鐘左右，出來時，給了我一張依親證明。

　　好面子的祖父，當年為了迎娶嘉南平原大地主的么女兒，聽說借錢來辦喜事，用 20 輛小轎車到土庫迎親。所以，母親不難拿出與父親的結婚照片。

　　但父親在宜蘭大病院任院長職上，被無審、無判、綁架、謀殺，屍體首先被埋（滅屍）於頭城媽祖廟廟埕上，母親趁夜收屍埋葬在宜蘭公墓。於我小學時，六叔與李瑞珍醫師（父親同班同學，父親死後擔任代理院長）陪同母親與我，把父親屍骨葬回故鄉嘉義縣溪口鄉家族墓園內。父親的死，沒有死亡證書。

　　但美國不接受嘉義地方法院「失蹤 10 年視同死亡公告」做為死亡證明。

　　當時已是 1970 年代中期，美國大使館拒絕母親來美探親的申請，認為她一到美國勢必久居，一來依親於唯一子女的我，二來就近照料我初生的女兒，俾我繼續醫學生涯。因此，美國要求她提出她與父親郭章垣的結婚證明，以及郭章垣的死亡證書，要她逕行辦理永久居留申請。結婚證明不是問題，但是父親的死亡證書，母親提不出來。

擔任代書的二叔於父親被謀殺大約 4 年後，因盲腸炎併發腹膜炎也走了。母親轉向執醫的三叔求助，被告以應向嘉義地方法院申報郭章垣院長已失蹤 10 年以上，請法院公告無人異議之下，由法院發給「失蹤 10 年視同死亡公告」證明。母親將公告請人翻譯成英文，前往美國大使館申請 PR，但又被美國大使館給刷了下來。理由是前後說詞不符，先是說夫君已亡，怎拿失蹤證明？

母親急了，回憶起出事被綁架時，見證者有在宜蘭大病院跟郭章垣院長學外科的蔡陽昆醫師，收屍時，有王金茂醫師（後曾任衛生署署長）的弟弟范姓牙科醫師陪同處理後事。母親幾經打聽，找到范醫師家中，沒見著人。於是，改找時任彰化基督教醫院外科主任的蔡陽昆醫師。

蔡醫師曾留學英國，英文流利，聽到來意，急忙提筆疾書，並即刻送人以英文打字，交給母親。我這方面，也直接寫信給美國大使館細說情由，並由外子出具生活保證書，於是母親才順利來到美國。

在拿不出父親死亡證書的情況下，母親得以拿 PR 來美，我私下認為那是政治庇護。

自那時起，我每年在二二八前後，由各種中文報紙以至少兩三版面對二二八事件的豐富報導，學知二二八的真相。我由自己是醫師，先父也是醫師，開始有了疑問：為什麼身為「省立」宜蘭大病院院長的父親的死亡，母親竟提不出死亡證明書？我對自己發誓：總有一天，我會寫信向蔣家要！

母親終於來到美國時，女兒已會走路了。5 年後，我們要幫母親申請成為美國公民時，老問題又來了。移民署要她提出先父的死亡證書前去應試。這一次，我以電話說明沒有父親死亡證書的原委（當然是因為二二八）。對方表示他們由卷宗早已有所了解，只管前去應試。

簡單的口試、筆試，母親以一向的開朗與基本英語應對，沒有難倒她。移民署倒是給了母親一個驚喜。頭髮灰白，十分可親的黑人女法官親自走下 bench（法官大座），前來牽扶母親上前宣誓入籍，十分令我感動！

我為何告洋狀

母親於 1975 年 6 月中旬，經阿拉斯加來到芝加哥，兩個因二二八失去依靠的母女，不知哪來的勇氣，離開台灣來到美國定居。約 10 年多，母親在幫忙我把老么送去學校讀一年級後（1985 年），在離我一個鐘頭車程的芝加哥市內，找到已住有 11、2 戶台灣鄉親，由日本人經營的「平和」老人公寓。她曾對我說過，日本人有這麼一句話：「女人三界無家」，出生的父家，結婚後的夫家，夫死後的子女之家，都不是自己的家。台灣，我們也無家可歸了。

這 10 年多，有一件事一直掛在我心上：「為什麼父親死亡，沒有死亡證書？」一般來說，醫生是在人死亡時簽發死亡證書的人，也是判斷死因的人。父親既是宜蘭省立醫院院長，

為什麼他的死反而沒有死亡證書？

我成長在鄉下，有賴母親娘家的幫助。「二二八」對我來說很陌生，很少人知道是什麼，也許更是禁忌。可是在美國就不一樣了，每年二二八將屆的2月，直到3月的第一個星期，中文報紙（如《中報》、《公論報》）的社論與佔滿一、二全版面的篇幅，充滿了發生在1947年的二二八相關報導，讓我不由得遍讀這些在當時的台灣還是禁忌的資訊。我因而暗自發誓，有朝一日，一定寫信向蔣家要求父親的死亡證書，我要知道那殺死父親的子彈從哪裡來？是誰發下的命令？但我還是等了十幾年，老蔣還在時，我不敢動。

我從美國報論得知，台灣一代菁英在1947年被剷除，經過了40年的斷層後，年輕的新一代已經成長了，他們預測台灣人不再沉默了，將會有所動作，不再容許國民黨威權獨裁繼續下去了。於是，我選擇在1986年寫信向蔣經國要求先父的死亡證書。

我把信寄出後才告知母親。我萬萬想不到，經過了40年，已是美國公民的母親，竟然歇斯底里地驚恐萬分，更擔心連累在台親人，把我大罵了好幾天。我也真真實實地自心底產生恐懼、不安的感覺。

隔了不久，也不知是一時靈感衝動，還是老天給的勇氣，我給雷根總統寫了一封信，而且作夢也沒想到，他回信了。

這麼一來，我的膽子也大了起來。接著，李登輝剛接小蔣的棒，登上了「中華民國總統」的大位，他在第一次記者會

THE WHITE HOUSE
WASHINGTON

May 13, 1986

Dear Dr. Lu:

On behalf of President Reagan, thank you for your message of
support. I can assure you that the President derives great
strength from encouragement like yours.

As he moves ahead with his agenda, President Reagan
appreciates being able to draw upon the kind words and support
of concerned Americans. By sharing your thoughts, you've made
his task a little easier.

With the President's warm best wishes,

Sincerely,

Anne Higgins
Special Assistant to the President
and Director of Correspondence

Margaret Lu, M.D.
Suite 105
19 Heritage Plaza
Bourbonnais, IL 60914

雷根總統辦公室回函。

上，被第一位記者提問他將如何處理二二八的善後時，他支支吾吾地說：「那是歷史問題，應該留給將來的歷史學家去處理。」

我火大了，我寫了一篇名為〈可憐的阿斗〉的文章發表在美國的《台灣公論報》，並且把剪報寄去「中華民國總統府」給李登輝！

我罵李登輝「阿斗」，促生李登輝時代的「行政院二二八專案小組」。可惜的是，李登輝最終又以威權的「總統行政命令」扼殺了犧牲者應得的「公理與公義」，依然是「蔣經國的阿斗」，誠為憾事也！我將〈可憐的阿斗〉全文載錄如下：

看到近日報紙報導李登輝在首次（元首）記者會上，對「二・二八事件」那種幼稚可笑的言論，令我不禁為之噴飯。

想不到所謂「一國元首」的人，對四十年前兩萬至三萬台灣菁英及人民，慘遭中國武裝部隊以「納粹式手段大屠殺」的一場大災難，竟然如此馬馬虎虎，以為可以一了百了。

兩、三萬子民生命及身家財產的損失，李登輝可以這麼輕鬆帶過，我雖對他的處境寄以十二萬分的同情，但其實早已見怪不怪。

因為中國人處理歷史的歪曲，是非莫辨，由來已久；而中國人喪失公理和正義，也非一日之寒甚至可說是冰凍數

丈了。如果把眼光投向西方先進民主國家（美國），則領袖勇於向人民的生命、財產、安全負責的例子實在不勝枚舉。所以我只能向李登輝說：「羞！羞！羞！」

　　如果說，我們不須「以眼還眼，以牙還牙」，那麼把「二‧二八事件」從羞不得見人的檔案架上拿下來，交給四十歲以下的人去以客觀、公平的態度做一個總檢討，總可以吧？！他們應是未來的歷史學者！否則，難道台灣近代史的學者都還沒出世？

　　讓年老的、年輕的、台籍的、非台籍的人，都能以研究台灣歷史的心情，去檢討這事件的前因、經過、後果，然後再做出一個公正合理的交代。如此四十歲以下的人才沒有必要繼續背負上一代的包袱，他們才有明辨是非的能力，他們才能鑑之既往而追求未來。我們要讓年老的、年輕的、四十歲以下的人，重新檢討過去，以期策勵將來。這種工作還須等多久？難道說要讓現在還繫尿布、吸奶嘴、滿地爬的嬰兒群們去承擔？

　　至於省籍隔閡，這原本是國民黨遷台後，刻意製造出來的人為問題。平日裡，一樣是黃皮膚、黑頭髮，不分彼此，等等有事，必須蓋公印，身分證一拿出來，裡面便別有文章。這個問題解決容易，只要取消「原籍」之登記，改以單記「出生地」，讓台灣出生的人，不分番薯、芋頭，為他們生身立地的鄉土共甘苦、共精誠、合作無間。這是我這個「二‧二八事件」犧牲者遺腹孤女，衷心對台灣朝野的祝福

（或者只是我自身的夢囈？） 願李登輝早日找到他的諸葛亮。阿們！

　　爲了「父親的死亡證書」，我於二二八發生 40 週年將屆前一年（1986 年）寫信給蔣經國，也開始向包括雷根總統以及兩位美國參議員（Hon Paul Simon & Hon Stephen Solarz）在內的美國政要告洋狀。

　　說「告洋狀」是很簡單的三個字，爲什麼？因爲我自己的「無心插柳柳成蔭的美國經驗」，反倒令我體會到美國政要的人性，與台灣政要相對之下的護短（這裡說的是二二八的罪行）與敷衍。

　　李登輝聘林宗義爲行政院二二八小組政務委員，兩人只相差 1、2 歲。林宗義十分傲慢且帶有偏見，不曾與年輕一輩做過任何溝通，唯唯諾諾於李登輝，本人深以爲憾事。

　　當年立法院審理賠償法案，有黃主文的一千八百萬與謝長廷的一千六百萬，是老李與章孝嚴把加拿大的林宗義召回台灣，當著要求以國民黨黨產賠償的美國二二八遺族返鄉團（本人任團長）的面，在總統府下令賠五百萬新台幣，立法院終以六百萬通過立法。這是李登輝對二二八遺族的德政吧？

　　但行政院二二八專案小組在李登輝指導下，最終以「雷聲大，雨點小」的陰霾落幕，草草了事，每一條人命賠六百萬新台幣（舉施江南醫師爲例，他留下遺孀暨五個子女，每人各賠一百萬新台幣），猶如替「無審、無判、綁架、謀殺」的軍政

MARGARET LU, M.D.
19 HERITAGE PLAZA
SUITE ~~200~~ 105
BOURBONNAIS, ILLINOIS 60914

TELEPHONE (815) 933-3123

February 7, 1987

Honorable Congressman Simon:

    I have, in my hand, my U.S. passport, a piece of document I treasured very much. This is one piece of document most wanted by many people in the world, friendly and hostile alike. This piece of document may not mean a lot to an U.S. born citizen, but to me and to most of us here today, it is a piece of document that guranteed us freedom of speech, freedom of thought, and freedom of mind.

    There are other informations on my passport that means a lot to me. I was born in 1947. The year "1947" may not even ring a bell to most of the people in the world, the war was over. But, for most Taiwanese, especially those who lost their loved ones in that year, it is a year they could never forget. It is the year that estimated thirty thousand Taiwanese were killed by the Chinese or Kuo-Ming-Tang. It has been kept like a "Taboo" to even mentioning it for nearly forty years.

    My father, one I have not met and would never have a chance to meet, was one among those killed, he was only thirty-two years old, he was then a superintendent at Provincial Yi-Lan Hospital in Taiwan. It was around 2:00 A.M., March 18, 1947, some policemen and soldiers sent by Cheng-Yi, then governor in Taiwan, broke into my parents' residence, held my mother under gunpoint, blindheld my father with one of his own necktie and took him away. He was executed in less than twelve hours along with seven other innocent people, some teachers, one policeman, and one bank teller. They were dumpted into a big pit and buried very much the same way the Nazi treated the Jew in World War II' "Holocaust".

    Dear Congressman, there is another information on my passport that gives me a heartache everytime I look at it. It is the information about my birthplace. It was put down "China" which I think miss-represented my identity. We, Taiwanese American, like Singapore people, our ancestors mostly came from mainland China, but it was at least two to three hundred or more years ago. We would rather be called "Taiwanese American" until some justice is being done for those died in 1947 and that China give up their Communism.

    Dear Congressman, is there anything you can do to help us correct this information on our passport? Thank you.

From My Heart,

Margaret Lu, M.D.

郭勝華寫給保羅賽門參議員的信函。

MARGARET LU, M.D.
19 HERITAGE PLAZA
SUITE 208 105
BOURBONNAIS, ILLINOIS 60914

TELEPHONE (815) 933-3123

December 6, 1986

Congressman Stephan J. Solarz
1536 Longworth House Office Building
Washington, D C 20515

Honorable Congressmam Solarz:

        Thank you very much for your letter dated November 14, 1986.
As an American immigrated from Taiwan, I want to express my
sincere thanks to you, Senator Edward Kennedy, and Congressman
Jim Leach for all your efforts in helping Democratic movement in
Taiwan. The progress is somewhat reluctant and slow, but there is
sign for improvement and change.

        My father was killed on March 18, 1947 in the famous " Holocaust"
in Taiwanese history. He was the superintendent at YI-LAN Provincial
Hospital at the time. He was taken by the government soldior around
2 A M. and murdered in less 12 hours latter.

        The KMT government in Taiwan failed to produce a death certi-
ficate when my widowed mother was applying for her immigration to
the U.S. in 1975. She was instructed to declare that my father was
"missing" since 1947 on a local newspaper before she could obtain an
official certificate for a "missing" person. The truth was that my
father's grave has been staying in our family graveyary for nearly
40 years and everybody knows what had happened.

        I tried to write to the Taiwanese government for the certificate,
all my efforts have been put down the drain. Nobody dare to admit
that my father and thousands of others were murdered by the government
without a trial , not mentioning issuing a death certificate.

        As for me, the only child born seven months after her father
was killed, that is a piece of paper I must have. Dear Congressman,
would you be able to help me in any way? As a Chairman on the Sub-
committee on Asian Affairs, I think you are the best person for me
to ask help for. I am looking foreward to hear from you.

                                Cordially Yours,

                                Margaret Lu, M.D.

郭勝華寫給美國國會議員索拉茲的信函。

罪行給予了「合法化的殺人執照」，沒有任何加害者被起訴或譴責！陳水扁接著以一張一視同仁的「恢復名譽證書」，更加持了老李的「寧靜革命」！這對一般人來說也許沒什麼，但是做為二二八受害者的後代（尤其是殉職宜蘭大病院的郭章垣院長）來說，我沒有辦法原諒！

　　反觀美國的政治人物對這件事情的態度吧！吉爾曼眾議員（Hon Ben Gilman）曾在幾年後對我說，雷根總統把我的信轉給他。他曾試圖要求國務院替我向中華民國當局要我父親的「死亡證書」，但國務院回說他們管的是外交。這紙美國移民局在我請求接先母來美時向我要求的文件也一直沒有拿到，我則以其他方法使母親移民來美，我心想應該是「政治庇護」

蔣經國應郭勝華要求父親死亡證書行文警政署，省警務處回應公函。

二二八遺族吧！蔣經國不久死亡，他下令發給我的父親的死亡證書，至今尚未收到。

美國的政治人物會記得你、關心你，但絕大多數的台灣政治人物會裝做不認識你，會忘記你！美國的政治人物對政治議題一定是立場明確；台灣的政治人物則是立場模糊，例如1947的二二八就是如此，到現在死亡人數居然逐年變少，還找不到任何一個加害者？多麼可笑可悲？！蔡英文的轉型正義也許只是喊喊話罷了？

我曾為了父親的死亡證書寫信給美國雷根總統；我曾募款把柯喬治的《被出賣的台灣》（Formosa Betrayed）再版，並

郭勝華因成功助選共和黨 Mark Kirk 成為眾議員，獲選為共和黨中央委員會終身會員，證書有兩位布希總統父子簽名。

設法得到幫助而能送給美國國會四百多位參、眾議員辦公室
人手一本；我曾擔任伊利諾州 FAPA 會長，其間，因替共和黨
送一位年輕的新議員進入國會而獲 RNC（Republican National
Committee）終身會員（Eisenhower Commission）的榮譽，為
此，我獲得布希總統父子檔雙雙簽名的證書。

沒有加害者，如何原諒？

　　自蔣經國迄今，我要的是「中華民國」政府勇敢承認
二二八「槍殺」故宜蘭大病院（今國立陽明大學附設醫院）院
長郭章垣的「死亡證書」（監察院已明言郭院長乃地方駐軍所
殺），不是最近蔡英文政府「無國無勇」的內政部長所說的

《中國時報》報導李登輝首次接見二二八遺族代表。

「死亡登記」！連這一件事都辦不出來，還有什麼「轉型正義」可言？

二二八還沒有結案，如何原諒？近39年的戒嚴，我們失去追訴權！殺人者逍遙法外（根據過往 ROC-Chinese 的法律，殺人越貨25年追訴時效過了就沒罪，現已改為無限期追溯）；國家賠償法不追溯二二八，李登輝（KMT＋DPP）封殺立法院二二八賠償條例！「中華民國／台灣」還沒有給二二八被害人與家屬公理與正義！

監察院方面，自陳履安、錢復一路下來的監察院長，都說先父郭章垣院長沒有犯罪行為，渠之被害，乃「地方駐軍」所為。但是沒有彈劾任何人，也沒有撫卹郭院長遺孀孤女。賴清德任命的「促進轉型正義委員會」主委黃煌雄行文「銓敘部」處理這個問題，我認為合理，可是黃煌雄一下台，又熄火了，好個可笑的「中華民國」政府！

二二八宜蘭頭城媽祖廟二坑七命事件留下很多人證物證，如果台灣當局無能辦案，就沒資格要求原諒，也沒資格空喊族群融和，更沒有資格成為一個「正常國家」。

由於二二八，經歷日本最強盛時代的台灣菁英慘遭屠殺，換來的是使他們那一代啞聲的戒嚴與萬年老賊的白色恐怖時代，殺人者至今無一人獲罪，連最起碼的譴責都沒聽過一句。只有一年一度，統治者在中樞紀念儀式中一再道歉、一再呼籲被害家屬原諒。但沒有加害者，原諒誰啊？

逝者如斯，年屆古稀的我（郭章垣院長的遺腹女），尚在

1989 年，郭勝華回到宜蘭頭城媽祖廟，此處為 1947 年 3 月，郭章垣院長等七名公務人員被朱正宗市長會同地方駐軍警察，在無審、無判、綁架、謀殺之後，挖二坑埋屍之處。

向當今政府要求發下我曾寫信給蔣經國索取的「郭章垣院長死亡證書」努力以赴中。這是我自 1973 年起因欲接先母到美國，美國移民局要求，而我至今還沒拿到的文件。我自己是醫師，當然知道死亡證書應列明死因。但不知郭章垣院長的死亡證書應怎麼寫？該由誰來寫？（應列明郭章垣院長死於槍傷，這是無庸置疑的！但是子彈從哪裡來？這才是我要追究的！）

　　據記載，陽明大學附設醫院最早的根苗，係日本時代台灣總督府宜蘭支廳接手清廷噶瑪蘭廳署之後的第二年，即 1896 年 6 月所成立的附屬診療所。所以，宜蘭大醫院由台灣總督府直

轄，後來由衛生署直轄。2008 年 1 月 1 日開始，署立宜蘭醫院改制爲國立陽明大學附設醫院，郭章垣院長列名爲日本政府離台後的第一任院長。

我在乎的是，這個「政府」如何應對一個爲公共衛生殉職的郭章垣院長？他們可以不發給我「死亡證明書」？可以用新台幣六百萬敷衍嗎？一個直屬總督府的宜蘭大病院的行政官員，難道比不上一介「榮民」或退休後拿台灣人稅金到中國享福的退將嗎？

如果二二八和白色恐怖喪失生命的台灣菁英分子沒有慘被剷除，足以組閣還綽綽有餘，台灣早已建國了！

二二八受難者李瑞峰律師的遺孤李榮達，在生前曾對我說了這麼一句話：「如果不是台灣菁英都被二二八了，那輪到李登輝做總統？」

中華民國在台灣，以蔣介石元帥服膺麥克阿瑟元帥第一號命令，於 1945 年 10 月 25 日佔領原日本主權台澎領土開始，而 1947 年的二二八與其後 10 年的白色恐怖，則建立在剷除菁英分子、全島血跡淋漓的基礎上，加以將近 39 年的戒嚴與萬年老賊國會，虛幻地繼續編織其存在的假象，並合理化其威權統治，實則演變爲「流亡中國境外的武裝政權」。蔣經國利用李登輝等台籍人物維繫「中華民國」在台灣的扭曲現況。故美國常說，「中華民國」或「台灣」是長久以來尚待決定的未定議題。

結論：「冤，怨」長存！

父親的遺書是用毛筆寫在宣紙上的，日期是 1947 年 3 月 14 日，遺書只有短短這幾個字：

生離祖國，死歸祖國
死生天命，無念無想

其實，我知道「中華民國」的為官者（或某些政客），沒有膽量發給我先父的「死亡證書」，所以，我把父親的遺書這麼改：

生死祖國郭章垣，無念無想離恨天
遺孀孤女訴無門，世紀含冤盼青天

這個「青天」（英文的「JUSTICE」！），也許該是「解鈴還須繫鈴人」的美國總統吧？

郭勝華與母親郭林汾參加高雄縣二二八紀念碑破土典禮合影。

戰前生活影像

郭章垣就讀慶應時期學生照，當時坐輪船來往台灣與日本。

郭章垣（後排右二）參與足球隊，塊頭最高。

這張照片應為郭章垣入慶應一年級時所攝，相片中有陳拱北、陳新裕等同學。郭章垣此時也開始蓄起頭髮。

▲這張照片中同時出現兩個後來二二八犧牲的台籍菁英。坐在正中間、體態魁梧的是當時就讀早稻田的楊肇嘉，他的右手邊是早稻田的林桂端律師（二二八犧牲者之一），再左手邊是慶應的王金茂醫師。郭章垣還戴學生帽，為右起第三坐者。早稻田的學生戴白帽，繡有 W 字。其他的慶應學生可以辨認者，還有蔡瑞銘、李清賀、李瑞珍、陳新裕等醫師。李瑞珍醫師的兩位胞兄李瑞漢、李瑞峰亦是二二八消失的台灣菁英。

郭章垣與同學於場邊觀看野球賽。

郭章垣參與學生軍事訓練。前排坐者左起：李瑞珍、陳拱北、郭章垣。

慶應在日台灣人同學，穿西裝者應是已畢業（就業）者。郭章垣是左後穿西裝第
一人，其他可辨認者有陳拱北、王金茂、蔡陽輝、蔡陽昆、蔡瑞銘等。

▲這張照片是郭章垣難得與同班
日本同學的合影。畢業後的
日本同學入軍隊（當時二戰末
期），著陸海少尉軍服。郭章
垣、陳拱北、李瑞珍三人穿西
裝在後面露臉。

▶台北第三高女第三年時期的
郭林汾。

第三高女日本修學旅行團。

第三高女日本修業旅行，左前方蹲者二人是來自嘉義的郭招茂，以及同樣來自土庫的陳碧蓮，與郭林汾長期來往。

　宜蘭頭城二二八
　　　遺孀郭林汾的三國人生

郭章垣、郭林汾夫婦時常與陳拱北夫婦（中）與李瑞珍（最左）一起外出郊遊。

郭章垣最要好的同班同學——陳拱北先生夫婦。

郭林汾（右）與陳拱北夫人。

新婚時期在東京的郭林汾。

▲觀賞球賽。郭林汾（中）右手邊
是陳拱北夫人，郭章垣（左三）
的左手邊是郭春魁醫師。

郭章垣攝於東京書房。

1992年
二二八遺族美國歸鄉團實錄

美國二二八遺族返鄉團抵達台灣。

1992 年 2 月 24 日，二二八遺族美國返鄉團（林俊雄、李榮達、郭勝華、王克雄）與林金村、林義雄、葉朝清、張憲明攝於宜蘭林家墓園。

1992 年 2 月 24 日，郭勝華與律師李瑞峰獨子李榮達合照。李榮達因唾腺癌去世。

郭勝華與林義雄於宜蘭林家墓園合影。

1992 年 2 月 26 日，二二八遺族美國返鄉團在嘉義二二八紀念碑前留影。

郭勝華於台南二二八紀念公園湯德章殉難地點祭拜宣講。

郭勝華參加高雄縣二二八和平公園動土典禮。

中坐者是林金春先生，原是頭城媽祖廟廟埕上殺人滅屍案被綁架的受害者之一，幸運被某軍人放走，但馬上又被捕入獄，苦刑後釋回。白色恐怖時期又被三兩次抓入獄拷打，多年後才釋出。最左邊的年輕人是 1992 年的葉朝清先生，父親葉風鼓（代警察課長）與郭章垣院長同埋一坑於宜蘭頭城媽祖廟廟埕上。

郭勝華與宜蘭二二八受難者遺族合影。照片中長者之弟住在緊鄰郭章垣的房舍，與郭院長同晚被駐軍帶走，刑求後放回，隔天死亡。

1995年
美國二二八受難者家屬拜會實錄

拜會李登輝總統，要求道歉，把他惹火了。

拜會內政部長吳伯雄。

美國二二八受難者家屬拜會時任司法院長林洋港。當時團長郭勝華請教林洋港：
「誰應該對二二八負司法責任？」林洋港支支吾吾不能作答。郭勝華改口稱：「林
副主席，若司法問題您不能作答，那麼明天中常會有一件事請您幫忙，請國民黨
以黨產賠償二二八！」此舉讓一旁三位律師遺孀叫好。

拜會立法院長劉松藩。

拜會監察院長陳履安，其宣稱：「我們所有檔案都交出去了。」

拜會行政院長連戰。

拜會民進黨黨部辦公室,與蘇貞昌合影。

宜蘭頭城二二八
遺孀郭林汾的三國人生

國家圖書館出版品預行編目(CIP)資料

宜蘭頭城二二八：遺孀郭林汾的三國人生 / 郭勝華 編著.
-- 初版. -- 臺北市：前衛, 2019.2

面；15×21公分. --

ISBN 978-957-801-868-6 (平裝)

1.郭章垣 2.郭林汾 3.回憶錄 4.二二八事件 5.臺灣傳記

783.3886　　　　　　　　　　　　　　　108001099

宜蘭頭城二二八：
遺孀郭林汾的三國人生

編 著 者　郭勝華
責任編輯　鄭清鴻
美術編輯　Nico
封面設計　Lucace workshop. 盧卡斯工作室

出 版 者　前衛出版社
　　　　　地　　址｜10468 台北市中山區農安街 153 號 4 樓之 3
　　　　　電　　話｜02-25865708
　　　　　傳　　真｜02-25863758
　　　　　郵撥帳號｜05625551
　　　　　業務信箱｜a4791@ms15.hinet.net
　　　　　投稿信箱｜avanguardbook@gmail.com
　　　　　官方網站｜http://www.avanguard.com.tw
出版總監　林文欽
法律顧問　南國春秋法律事務所

經 銷 商　紅螞蟻圖書有限公司
　　　　　地　　址｜11494 台北市內湖區舊宗路二段 121 巷 19 號
　　　　　電　　話｜02-27953656
　　　　　傳　　真｜02-27954100

出版日期　2019 年 2 月初版一刷
定　　價　新台幣 300 元